「風俗画報」第 202 号（東陽堂、明治 33 年）より
明治期の〝生剥（ナマハギ）〟で「秋田男鹿生剥祝之図」と題されている。画は富田柳堤。
本文の説明は〝うきよ〟なる人物である。
これに先立ち同誌第 132 号（同、明治 30 年）には升谷積山が「羽後男鹿島の風俗」の中で〝生剥〟を紹介しているが、説明のみで図はなかった。

（本文 12 頁『風俗画報』の「ナマハゲ」参照）

『DEVILS AND GODS BEYOND THE OKHOTSK』Luciana Gabbrielli 著（1991 年）より
船川港上金川地区

『日本文化風土記２　東北編』―羽後の民俗―　富木友治　河出書房（昭和 31 年 4 月）より

「日本大観」第 19 号「岩手・秋田・青森」（世界文化社・昭和 34 年 2 月 20 日発行）
左側の青面は右手に〝マサカリ〟を持ち、左手には右肩から吊り下げた紐で小箱を抱えている様子である。文化 8 年（1811）正月 15 日〝ナマハギ〟の経験をした菅江真澄はそれを図に残しているが、その説明の中に「小箱の中のコロコロと鳴るのを腰に掛け云々」とあり、古いナマハゲ装束の一端を知る上で貴重と思われる。ただ、撮影場所が不明な点が惜しまれる。

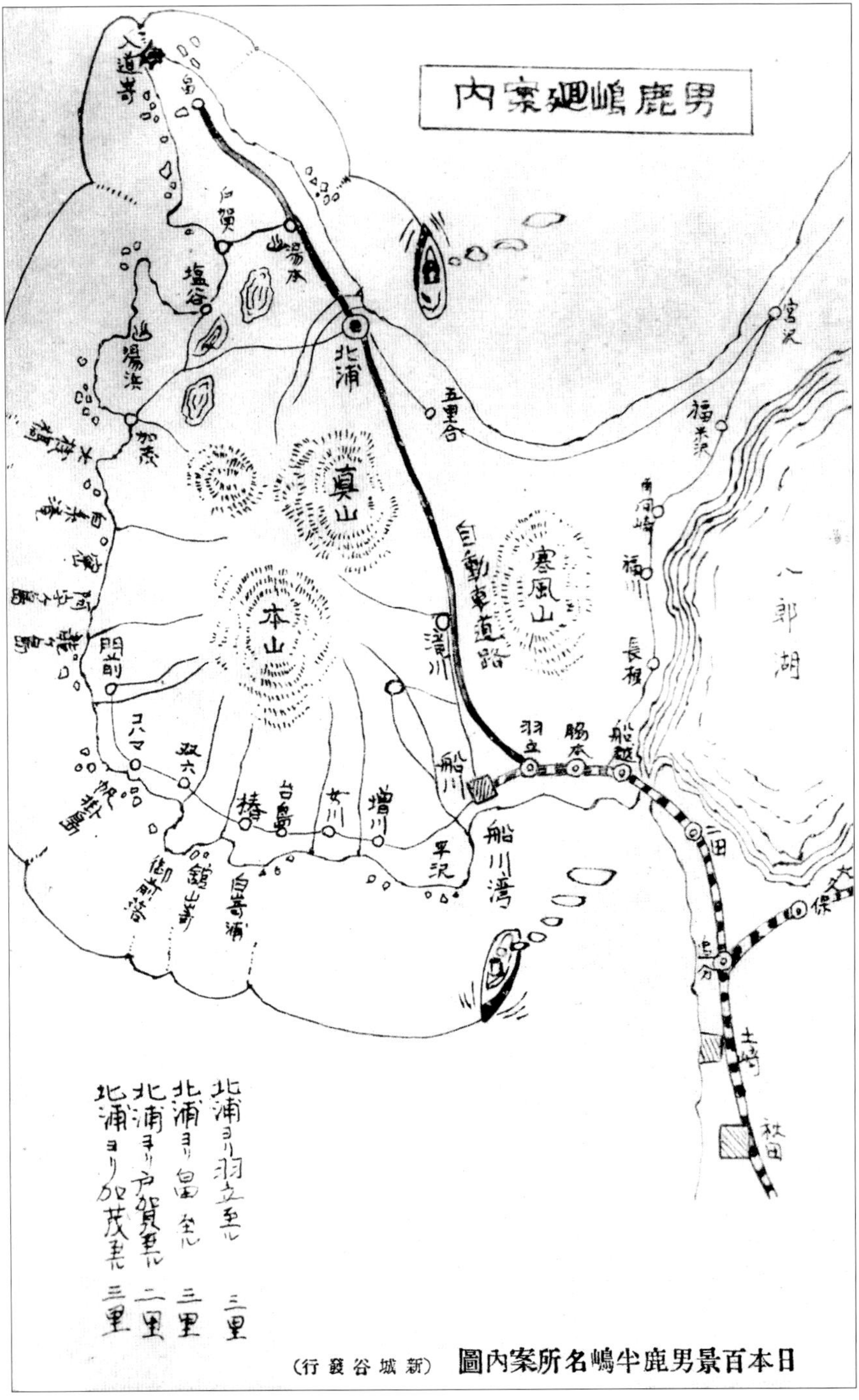

「北浦名所絵葉書」秋田県北浦町新城谷発行（昭和初年）より「日本百景男鹿半島名所案内図」。昭和２年７月、「東京日日新聞」の日本百景に男鹿半島が入選した。

『続・北浦誌』刊行にあたって

去る平成二十八年七月、真山神社例祭日を期して、男鹿半島史Ⅲ『北浦誌』を発刊した。

その日から約二年半後となる昨年暮れ、当研究所の小早淳氏と秋田文化出版㈱の渡辺修氏が真山神社に訪ねて来られ、『北浦誌』の続編の原稿が出来上がったので、早速出版したいとの話をされた。

実は、先般の『北浦誌』には載せきれなかった「民俗」や「歴史」、「人物」や「口伝」等の取材記事が多々残っており、それらを続編として出版することにしていたのである。

しかしながら「今すぐに」と言われても、真山神社にとっては、年末年始から二月までは神事や祭事が重なり、一年のうちで最も忙しい時期である。しかも、原稿に目を通す私に課せられた役目は、故磯村朝次郎氏がまだ日本海域文化研究所々長の時に得た、地域の情報や口伝等々をご教示くださった方々のお名前を確認することなので、時間をかけて念入りに作業をしなければならない。併せて、出版日についても思うところがあり、少し時間を頂くことにした。

磯村所長は、昭和時代の後半、教師として男鹿市内の生徒達の指導をしつつ、男鹿半島内の各分野の調査研究についても精力的に取り組み、男鹿市編纂の『男鹿市史』等々、沢山の公的な著書を記してこられた。

時代が平成に移り、同二十年五月二日にお亡くなりになるまで、真山神社内の一民間機関である「日本海域文化研究所」の所長として籍を置いて下さった。
この研究所は平成二年十月に設立し、磯村所長が命名されたものである。磯村所長は、研究所設立以前から長年に亘って調査研究した資料に加え、平成四年所長になられてからは男鹿半島全域を自ら歩き、更に広く深く調査した事象を、それまで積み重ねてこられた記憶・記録・知識・見識を以って、男鹿半島における数多くの貴重な資料を文書にまとめて遺して下さった。
またそれと並行して、男鹿半島に現存するナマハゲ面や民俗資料、男鹿海岸への漂流漂着物等の収集展示をはじめ、北浦地域の人々からの要望による講座も数多く開催して下さった。それらは全て、「男鹿の人々に、自分の地域をよく知り誇りを持って欲しい」と強く望んでおられた磯村所長の思いからである。
これまでの磯村所長の文書を基に、磯村朝次郎著・日本海域文化研究所出版書としては
『男鹿半島史Ⅰ　男鹿の旅・道・宿　―鹿の細道』（平成十二年八月）
『男鹿半島史Ⅱ　男鹿中誌』（平成二十一年五月二日）
『男鹿半島史Ⅲ　北浦誌』（平成二十八年七月十六日）
がある。更に編集委員として大きく関与し、長年のナマハゲ面の収集・研究の成果を結実させた『男鹿半島史別巻　ナマハゲ　―その面と習俗』（平成十六年三月）の出版も忘れてはならない。
そしてこの度、その最後の著書として『男鹿半島史Ⅳ　続・北浦誌』を発刊した。
これまでの著書出版の全てにおいて、磯村所長と四十年以上も共に調査研究をし、歩んで来た当研

究所主任研究員小早淳氏、またその原稿の整理、構成等に並々ならぬご尽力を頂いた秋田文化出版㈱の渡辺修氏、そして、各著書出版の為に格別なるご理解とご厚情を賜った磯村家の皆様に、深く深く感謝申し上げる次第である。更に、それぞれの出版に当たりご協力下さった多くの方々にも、この場をお借りして心からお礼を申し上げる。

磯村所長が名付けた「日本海域文化研究所」は、所長と共に平成の時代を迎え、奇しくも『続・北浦誌』とともに平成時代に終わりを告げた。

今、新元号「令和」の時代が始まり、その最初の磯村所長のご命日に、本書をご霊前に捧げることが叶い、ご生前の磯村所長との約束をようやく果たせた思いである。

ここに改めて故磯村朝次郎氏のご冥福を心からお祈りし、深く感謝の意を表しつつ『続・北浦誌』刊行の言葉とする。

令和元年五月二日

日本海域文化研究所理事長・真山神社宮司　武　内　信　彦

はじめに

平成二十八年の『北浦誌』に引き続き、今回『続・北浦誌』と銘を打ち、ようやく上梓することができました。

本誌は、日本海域文化研究所々長・故磯村朝次郎著「男鹿半島史」「北浦町の歴史」「研究所報」の中から、前刊『北浦誌』に掲載できなかった男鹿北部地域に於ける〝民俗行事〟〝口承文芸〟〝地域災害〟〝新聞記事〟等、まとめて再編集しました。〝民俗行事・口承文芸〟に関しては、その語り手となった方々の多くは既に物故されており、二度と聞くことのできない貴重な話となっています。また、〝地域災害・新聞記事〟については著者自ら資料の収蔵施設に赴き、膨大な資料の中から拾い出す作業にも多大な回数を要しております。

いずれにせよ今となっては地域の人々から忘れられ、消えつつある事柄などを見出すことができると思います。この書を通じて男鹿北部地域の歩んできた道程の一側面を再考する縁《えにし》の一助となれば幸甚と磯村先生は考えておられたと思います。

日本海域文化研究所主任研究員・編集者
小　早　淳

〈男鹿半島史Ⅳ〉

続・北浦誌●目次

続・北浦誌

I　ナマハゲ ―その多様な仮面の記録

※　本章は既刊『ナマハゲ ―その面と習俗―』（註①）の中から、拙稿「ナマハゲ ――その多様な仮面の記録」を再用しながら、当時、編集の都合上割愛した部分の補遺を含め、掲載できなかったナマハゲ資料を若干ながら新たに加え、加筆再編しました。

はじめに

「ナマハゲ」は年に一度行われる村の行事である。それも村の中でのみ行われ、決して他村へでかけることはない。完全に各村の行事なのである。その「ナマハゲ」にとって最も重要なものに仮面がある。これがなければ、「ナマハゲ」にはならない。ナマハゲ面は能面や伎楽面のような、いわゆる美術的なものとは異なる土俗的な面である。一般的に面は顔につけるが、頭や額につける面もある。また体につけることを目的とせず、手で持ち歩く面もある。なぜ面をつけるのか。面にはどのような意味があるのか。これについては、すでに多くの先学が定義を試みている。

曰く、面は変貌の道具である。顔につけることにより霊を吹き込むものである（ジャン・ルイ・ベドゥアン『仮面の民俗学』白水社）。あるいは面は人間が神のようなものになろうとするときに必要な道具である。そこには、見えない霊的存在と形象化された物体との融合がある（山本重信「仮面とはなにか」・月刊『みんぱく』五の一二）等々、さまざまな見解がある。

面は霊を吹き込むため、神のようなものになるための道具である。ナマハゲの面は、能面などのように専門の面師が作るものではなかった。多くの場合、村の若者が身近にある素材を用い、先行の面を参考して作ったものらしい。曲田慶吉（註②）氏の『男鹿半島の文化』昭和十年）「奇習男鹿のナマハゲ」では、北浦安全寺地区の例をとりあげ鬼面を作るには、精進潔斎して注連縄を張った中で作ること。鬼面を作る安田徳右衛門家という旧家があった。作る際には一定の作法、しきたりがあったことを報告している。

ナマハゲ面は男鹿の島的風土のなかで用いられ、潮の香り、土の匂いと汗がしみこんだ泥臭い、文字通り土俗面である。しかし、ナマハゲといえども時代から超然たることはできなかった。その面も時代とともにさまざまに変貌を遂げながら今日に至っている。

註①　『ナマハゲ　―その面と習俗―』　日本海域文化研究所発行・編集　平成十六年三月三十日発行

註②　曲《まが》田《た》慶吉《けいきち》　明治二十一年（一八八八）九月―昭和十六年（一九四一）四月　教員・郷土史研究・鹿角市大湯出身

一　ナマハゲ面の記録

「ナマハゲ」は、これまでどのような手段によって不特定多数の人々に知られるようになったのだろうか。以下その概略を記してみる。

（1）菅江真澄の描いた「ナマハゲ」

ナマハゲの姿を絵に描き、文章にしたのは菅江真澄が最初である。

文化八年（一八一一）の正月を宮沢村（旧南秋田郡若美町・現男鹿市）で過ごした真澄は『男鹿の寒風』の文末にその情景として、ナマハゲの姿が絵と文章で記録されている。図1がそれである。頭注に「鬼の仮面、あるいは可笑（ヲカシ）とて空吹の面（オモテ）、あるは木の皮の面に丹ぬりたるをかけて」とある。描かれた面をみると、角のある赤面がある。これは「木の皮に丹ぬりたる」面だろう。それと角のない青面をかぶっている。この青面を「空吹の面」というのだろうか。赤面は黒く染めた海菅の髪を振り乱し、左手に小刀様のものを持ち、腰の左に長方形の箱をさげている。カラカラと音の出る箱である。何が入っているのかわからないと書いている。青面の方は手拭で顔を覆い、額で結んでいる。腹には桶かと思われるものをさげている。音をだすため何かを入れた桶か。

図1　菅江真澄が描いたナマハゲ
（秋田県立博物館蔵）

二匹のナマハゲに共通しているのは、海菅と思われるケラや筒袖の上衣に　モンペ、手甲、脛巾（ハバキ）などを着装していることである。

『男鹿の寒風』には「あといひてゆくりなう入り来る」とある。これから推測すると、ナマハゲの来訪を知らせる先触れというものはなかったと思われる。先触れは、恐らく明治以後のことに属するであろう。絵はナマハゲが帰っていく直前の姿を描いたものとみえる。入り口の引き戸はしめられ、板戸を開ければ外はまる見えである。主人は餅二個を折敷（おしき）にのせ、左手でそれを差し出している。この家の内部構造からみて、どういう形式の家屋が想定できるだろうか。

秋田、男鹿地方の一般的な家屋は茅葺の直家《すごや》か曲家で、両中門の家は稀であった。描かれた家は曲家とは考えにくい。注連縄が家の内部に張られている。腰にさげた長方形のカラカラと音の出る箱は、眉間、逆頬二鬼の牙を納めた箱に由来するものであろうか。

『絹篩』（註①）門前村の項に「箱ふるに音あり。昔、両鬼の塚あり。幾年を経て其塚を発く者あり。屍骨を出してこれを見るに忽両眼潰れたりと云。其骨を箱に納めて是れを祭る。其後箱を道場に置き、毎年五月五日を以て是を祭り食膳を供す。其箱の上を一箇年に一度づゝ上封す。今も怠転無しと云」。箱に「御国家安全、鬼鬼鬼、永代不開」と書いてあり、「眉間・逆頬両鬼の牙なりと云」とある。それを五月五日に祭るというのは如何なる意味だろうか。

註①　『絹篩』　鈴木重孝著　嘉永五年（一八五二）編
鈴木重孝　文化八年（一八一一）―文久二年（一八六二）　男鹿市船越出身

（2）『風俗画報』の「ナマハゲ」

ナマハゲの姿が全国的な出版物に絵入りで紹介されたのは『風俗画報』第二百二号（明治三十三年〈一九〇〇〉一月・東陽堂発行）がはじめてでないかと思われる。同誌にペンネーム・うきよは「秋田の鎌倉祭及び男鹿生剥の祝」と題してつぎのように紹介している。

男鹿生剥の祝は、同地方男鹿島の風俗にして、陰暦正月十五日の夜、生剥とて村々の荒男が顔に彩色したる杉皮或は紙製の鬼面を被ひ、頭には、振り乱したる海草を戴き、蓑を着け、草履、脚絆の扮装にて、腰にはがらがらと鳴る、なになれや小箱を結びつけて銀紙貼の包丁を逆手に握り臂を怒らし声を荒らげ、怖ろしき態して家毎に廻るなり。その来るや、婦女子、児童は只怖ろしく、逃げ隠れ、物をもいはで潜み居る。ここの亭主は、切餅を盆に載せ、戸の陰より差出すを、掴み取りて去るを常とせり。さればにや、島人の啼児を嚇すにも、生剥が来るといへり。此の風も維新以来稍々衰へたりと雖も、今尚遺風存せりとなむ。

詳細は本誌第百三十二号に掲げたり。当時挿画なかりしを以て、本編に於て之を補ふものなり。

読者之を諒せよ。

そして「秋田男鹿生剥祝之図」と題し、富田柳堤画の図（口絵参照）を掲載している。『風俗画報』第百三十二号（明治三十年〈一八九七〉一月）に最初に掲載された「ナマハゲ」の解説は「羽後男鹿島の風俗」と題する升谷積山の文である。積山とは升谷旭水（註①）のことか。第二百二号の「うきよ」による生剥の解説は、積山の文を下敷きにしている。

富田が描いた「ナマハゲ」の図をみると面は角型で二匹とも包丁を持っている、この角型の面は、うきよの解説にある杉皮の印象を受ける。

髪は海スゲ、そのほかケラは藁であろう。モンペをはき、はばきをつけ、藁ぐつ様のものを履いている。目をひくのは首から胸のあたりに鳴子の板をさげている姿である。板には七本の細い竹様のものがついており、動くとカラカラと音がでるようになっている。解説では「なになれや小箱を結びつけて」とある。雪の中を二人の子供が草履ばきで逃げ去っている。そして男か女かわからないが、曲家の板戸を少し開け、顔を隠すように切餅二枚を丸盆にのせ差し出している。家の造りは曲家らしい。盆を差し出しているのは「コザ」と呼ばれる辺りか。柳堤は「ナマハゲ図」を描くにあたり、男鹿へ足を運び、体験をもとに描いたのではなさそうである。推測するに升谷が素描した図を下敷きにしたか、あるいは升谷の話をもとに柳堤が描いたのであろう。いずれにしても貴重な絵であることにかわりない。

註①　升谷旭水《ますやきょくすい》　慶応元年（一八六五）―大正十年（一九二一）三月　郷土史家　著書に「秋田名蹟考」等　秋田市出身
名は勝蔵。朝陽堂・如幻庵とも号した

（3）『日本地理風俗大系』Ⅳのナマハゲ

昭和四年（一九二九）十一月『日本地理風俗大系』Ⅳ、関東北部及び奥羽地方篇（新光杜）が刊行された。編輯委員は建築学の天沼俊一をはじめ、考古学、歴史学、地質学など錚々たる学者である。両羽地方の執筆者は秋田鉱山専門学校の大橋良一（註①）教授である。

本書カバー写真は北浦相川の小林禮蔵家の玄関前で写したもの。巻頭に画期的な極彩色の印刷で掲載されている。ナマハゲが全国的な出版物に極彩色の写真で紹介されたのは、これがはじめてでなかろうか。この写真がナマハゲを一躍全国的に有名にした、ともいわれる。

笊面と思われる青三、赤三、計六匹が並んでいる。髪を肩までたらし、藁の編み物を羽織っている。丸二の金紙を張った胸当てはなにを意味するものか。腰には横綱を巻き、リーダーと思われるナマハゲは御幣を持っている。履き物は藁沓。解説文にカラカラと鳴る小箱を下げるとあるが、写真には写っていない。右端の若者は相川の鎌田安太郎（故人）で、カマスを肩にかけ、荷ッコしょいの名にふさわしく背中当てをしている。本文中には雨戸をはずし、座敷から庭を向くなまはげ一行のモノクロ写真一枚が載っている（図２）。

図２　『日本地理風俗大系』Ⅳ本文に掲載のモノクロ写真

これらの写真は昭和三年（一九二八）、鯉沼巌知事（昭和三年二月～同四年七月）が北浦町へ巡視にきた際、撮影されたものらしい。知事がきた時、土地に芸能というものは何もない。そこで町長鎌田博介がナマハゲを観て貰おうと発案し、装わせてみせた。これを見た知事一行の喜びようは大変なもので、随行した新聞記者は記事にするため、相川の小林氏の庭園内で写真撮影した。かくして地理風俗大系にもその写真と説明が載るようになった。さらに昭和六年（一九三一）八月、東京三越で地方色濃厚な風習展覧会が開催された。この時ナマハゲの模型が、堂々と東京の真中に出現して中央のナマハゲになったという（曲田慶吉編『北浦町誌』昭和七年〈一九三二〉、未刊）。

さらに秋田県観光協会男鹿半島支部（船川港町役場内）では、小林家の玄関前に勢揃いしたナマハゲをモノクロの絵はがきや北浦町教育研究会発行の口絵（註②）にも小林家の玄関前に勢揃いしたモノクロ写真を使用している。

註① 大橋良一 明治二十一年（一八八八）十月—昭和五十八年（一九八三）六月 地質学 秋田市出身
註② 「我が北浦町 第二号」 昭和八年三月 北浦町教育委員会

（4） 小野進《すすむ》（註①）の『名勝・男鹿』

著者の小野進は、大館中学校の教壇に立つかたわら、来島すること二十数回に及んだ。いつも大きなドイツ製の写真機を肩に負い教え子達を引き連れ男鹿半島を隈無く踏破している。男鹿半島の自然・歴史を熟知した小野はその成果として『名勝・男鹿』（図3）と題し、昭和七年（一九三二）四月、南秋田郡船川港役場内、「男鹿保勝会」（柏崎泰治代表）から刊行されている。

ナマハゲに関しては、著書の口絵に〝売品写真〟と断り書きを入れながらも、北浦相川のナマハゲの写真を掲示している。前出（3）『日本地理風俗大系』にも出ている、相川の小林家のナマハゲ写真と一連のもので同家の縁側で〝ジコ〟を踏んでいるポーズの写真である（図4）。

本文中では—思い切り奇抜な行事「生剥」—と題して当今のナマハゲ行事の模様を伝えている。その末文には、「一時警察の取締りが厳しくなり、物貰い同様の取締りをした。特に『なまはげ巡査』といはれる程の、鬼にかけては鬼以上の人もあったとか。世上無比の奇習、品評したら特選の価値はある。由緒あるものであるから永く保存する意味で青年団員などで『上品なまはげ』をやる事にしてはどうか」とある。

また、昭和五年八月二日、三日の日記にもナマハゲに関する事項が載っている。

八月二日、小野は南磯の台島付近でナマハゲ面を見たいと思い、村の子供に菓子と小銭を餌にして頼むと「ババ（婆）からおこられる」と断られてしまう。次に青年に頼むと「それは神様事で面倒だ。しまうにも出すにも御神酒をあげて青年団一同揃ってやるものだ」と言われ、結局、この地区のナマハゲ面は見ることが出来なかったと記している。

八月三日、戸賀の水野長一氏の案内で三つの目潟を踏破して戸賀湾で野営している。ここでは難無く戸賀の男・女面を水野氏が借りてきたので小野氏達は、様々なポーズを撮り楽しんだという。結局『男鹿・名勝』では、相川のナマハゲ写真一枚だけが撮影資料として残っている。

小野は、ナマハゲ行事が各村々毎に行われ、使用される面も所作所法も村々によって異なることを知っていたので、機会あらばナマハゲ面を写真に撮り記録しておきたいと思っていたようである。

図３　『名勝・男鹿』

註①　小野進　明治二十年（一八八七）五月―昭和二十八年（一九五三）六月　動物学　本荘市出身

図４　同上口絵に掲載のナマハゲ

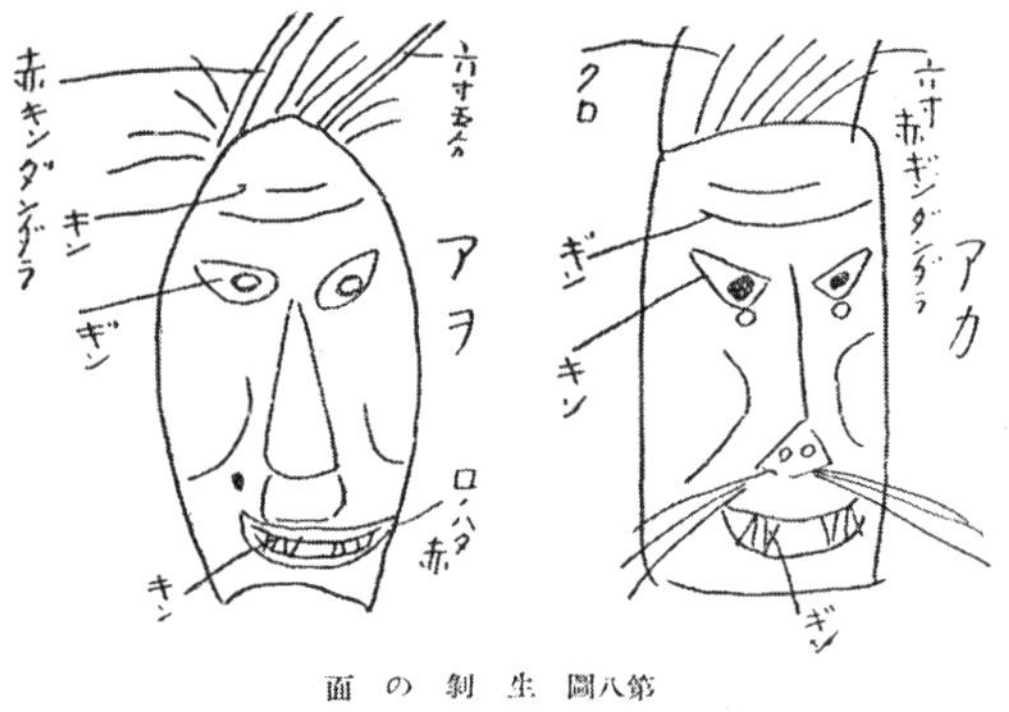

図5　本田安次がスケッチしたナマハゲ面

（5）「裏日本の旅・下」のナマハゲ

著者の本田安次（註①）は、昭和八年（一九三三）八月、秋田県内の神社に伝わる神事、山伏神楽を収録しながら県南から調査入りし、秋田を北上し男鹿の船川に八月二十三日到着。その足で船川神明社に行き佐藤宮司から当時の神社に伝わる祭事、それに関する男鹿番楽の模様を聞きとり調査を行っている。その後、双六地区に行ってナマハゲ行事の調査をしながら双六のナマハゲ面をスケッチして書き残している（図5）。それによると、

―この生剥は旧正月十五日の晩出る。面を冠るのは二人で赤鬼と青鬼、前者の面の大きさが尺二寸に七寸五分、角の長さが六寸。後者が尺一寸に七分、角が六寸五分。近頃は張子が多いといふが、ここは尚木彫で、深く刻み彫られていた。この面を冠り、蓑を着、漁師の用いる前かけ（海杉《（ママ）》をほし田の土に染めると真黒になる、これを編んでこしらへたもの）をしめる。脇差を持ち、瓢に小豆などを入れ、是を鳴らしてくる。或は算盤などを鳴らす者もいる―とある。

双六のナマハゲ面に神楽面や番楽面との関連性を感じとったものであろうか。さらに小浜の金氏が同行して門前、赤神神社の元山神主から同神社に伝わる祭事、湯立神楽の神事のことを訊ねこれを収録している。これらの成果は、昭和九年（一九三四）八月『旅と伝説』（註②）―「裏日本の旅・下」と題され発表された。

註①　本田安次《ほんだやすじ》　明治三十九年（一九〇六）三月―平成十三年二月　早稲田大学教授・民俗芸能研究家　東北各地の山伏

神楽を精細に調査　福島県出身

註②『旅と伝説』通巻八十三号・昭和九年十一月　三元社　民俗資料集成　第十四巻一九七八年十一月　岩崎美術社完全復刻版

（6）吉田三郎のナマハゲ

昭和十年（一九三五）、男鹿民俗学研究の草分け吉田三郎（註①）は、居住地である脇本村大倉を中心とする民俗記録『男鹿寒風山麓農民手記』（アチックミューゼアム彙報）を著した。そのなかでナマハゲについて詳しくのべている。

昭和十三年（一九三八）になると吉田は、南秋田郡全域にナマハゲ調査をひろげた。その結果は長く筐底《きょうてい》に秘していたが、昭和四十八年（一九七三）、『男鹿半島研究』第三号にはじめて「ナマハゲに関する調査報告」を寄稿している。そこでは特に渡部地区について組数、面など十二項目についての記録と面の写真五枚を載せている（図6）。①は渡部家に集まったナマハゲ群十六匹、②は渡部

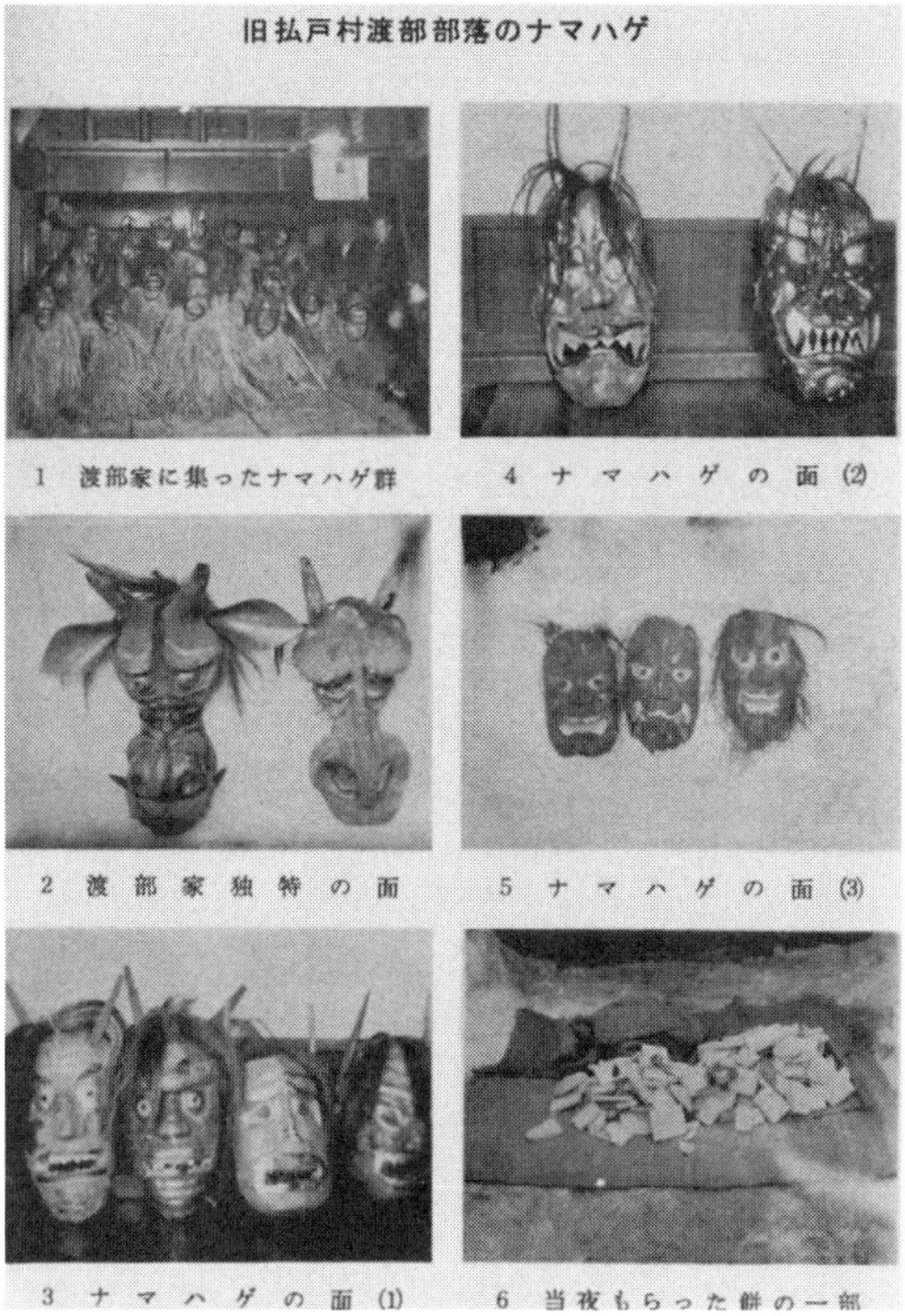

図６　吉田三郎が報告した写真
（『男鹿半島研究』第三号）

図７　『男鹿半島研究』第三号掲載の元写真（上から①③⑤⑥）。②の馬面と④の鬼面の写真は所在不明

家独特の馬面二面、③④⑤はナマハゲ群から選んだ九面。これらの面はすべて木彫りで、古いのもあれば新しいのもあるという。これに対し渡部家蔵の馬面は木でなく皮のようにみえる。

　なぜ渡部家の面は馬面なのだろうか。渡部村は幕末に渡部斧松らが開いた新田村である。当時、馬は農耕に欠くべからざる動物であった。その馬を大事に扱うよう、ナマハゲの時に訓戒を垂れて歩くので馬面なのだろうか。馬面を被ったナマハゲと、迎える家の主人との問答はどのようなものであったろうか。記録がないのは惜しまれる。ナマハゲが馬になりかわり「馬を大事に扱え」といって歩いたものだろうか。

　渡部家のナマハゲ行事については同地出身の藤井春吉がその著書『古里の稲』（昭和五十六年）の

中に詳しく述べている。
それによると、渡部家の馬面（図6の②）は、他のナマハゲ面とは区別して〝ウマメンコ（馬面コ）〟と呼んでいたと記している。

註① 吉田三郎 明治三十八年（一九〇五）二月—昭和五十四年（一九七九）十一月 農業 民俗研究家 男鹿市脇本出身

（7）福田豊四郎の「ナマハゲ」

小坂町出身の日本画家福田豊四郎（明治三十七年～昭和四十五年）は、昭和十年（一九三五）十月に男鹿を廻っている。そのときのスケッチを『男鹿をめぐりて』と題し、小文を添えて同年十月二十三日から秋田魁新報の夕刊に十五回連載している。その中に「男鹿の生はげ」がある（十一月十二日付）。生はげは男鹿の奇習。旧正月の十六日の夜、「なもみはげだか」と叫んで六匹の鬼が家々に押しかける。吹雪の夜、囲炉裏の火の光りに恐ろしい恐怖を戸毎にまき散らした「男鹿の生はげ」（図8）と解説している。男鹿スケッチ行の途次、ナマハゲをとりあげなければならないと、わざわざ扮装してもらい、スケッチしたものらしい。この「ナマハゲ」は御幣をもっている。しかし、どこの地区のものか書いてない。面の形から推定して相川のようにもみえる。

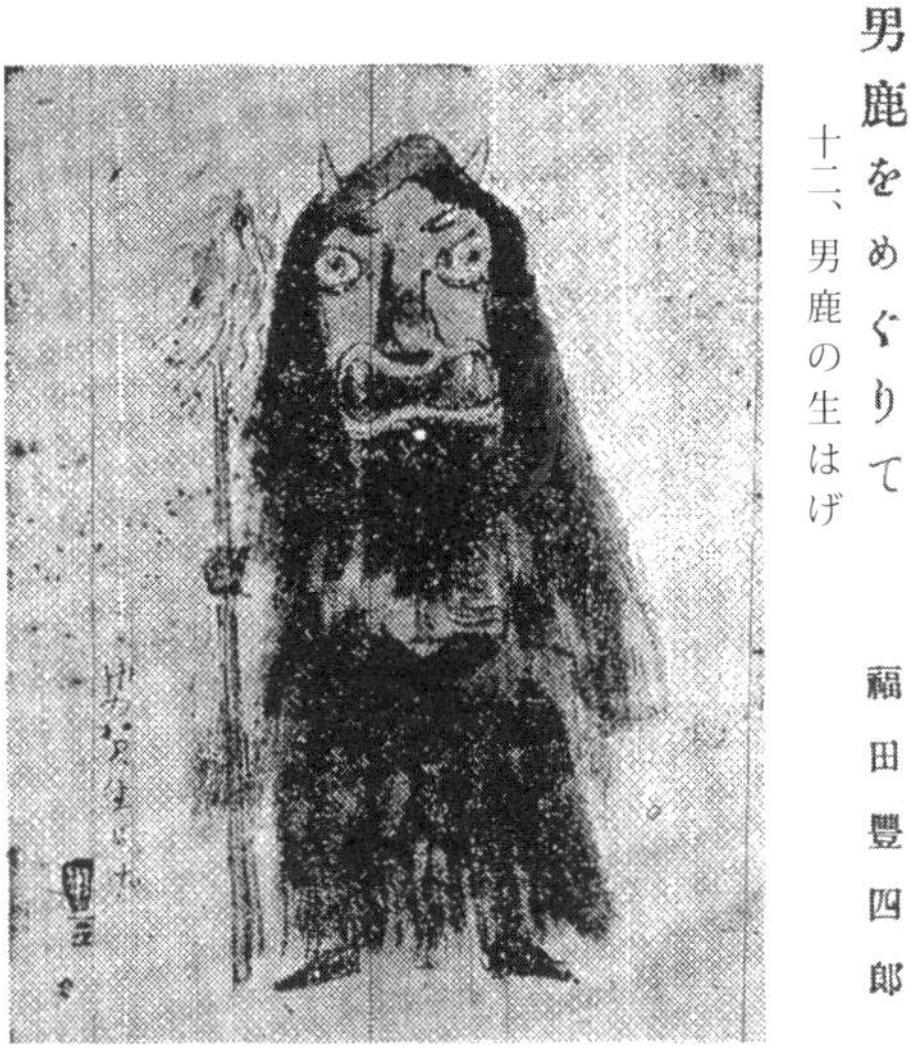
男鹿をめぐりて
十二、男鹿の生はげ
福田豊四郎

図8　福田豊四郎がスケッチしたナマハゲ

(8) 高橋文太郎（註①）の「男鹿のナマハゲ」

高橋は著書の冒頭で―従来の学問的見地からの意味付けよりも観察的本位の平面的な記述により適確に行事を把握することによりナマハゲ行事が如何なる意味合いを持っているのか考える―と謳《うた》っている。

著者は、昭和十三年（一九三八）、同十四年（一九三九）の正月を男鹿で迎え、ナマハゲ行事を実見、記録している。

調査地域は、北浦町相川、脇本村本村、同飯ノ森、富永大倉、同樽沢の五地区であった。調査項目に十項目を掲げ、それに沿って各地区のナマハゲ行事の現況を具《つぶさ》に記録して比較検討を試みている。本文中、高橋はモノクロ三枚のなまはげの写真を掲載しているが、いずれも北浦町相川のナマハゲであった。この高橋による労作は、昭和十六年（一六四一）三月『旅と伝説』（註②）「男鹿のナマハゲ」と題されて発表された。

図9　勢揃いしたるナマハゲ組

㈠　―勢揃いしたるナマハゲ組―（図9）

行事当日、小林サダ宅前で合流した二組のナマハゲを撮したと思われるが『日本風俗地理大系』に掲載された写真と比較して見ると、面・装束に相違が出ていることがわかる。

高橋が調査した時点では、既に六匹のナマハゲ面は、粘土の型から紙を張って作った〝紙面〟は消えて〝笊面〟に作り替えがなされていて、相川地区のナマハゲ面の大型化が顕著に見られ、それに伴いかつては目立たなかった二本の角も頭から斜めに突き出ているのがはっきりわかる。また装束を見ると〝ヨコヅナ〟は締めているものの、かつては金紙を張って作った胸当ては見当たらない。右端の頭に鉢巻きをしている人は〝荷ッコ背負い〟役で右手で袋状の物を肩に負い、左手には雪道を照らすものか提灯を持っている。

㈡　―饗応を受けるナマハゲ組―（図10）

二組に分かれた内の一組が一般の家庭に上がり込んだ様子である。ナマハゲの座した後ろには〝天照皇太神〟〝三吉神社〟などの掛物が見えている。三匹のナマハゲの内、左・右が赤面で〝ジジ〟、中が青面で〝ババ〟の役と設定されている。とりわけ右側の〝ボンデン（御幣）〟を持つ赤面のナマハゲがその組の統領役で上座を占めるとある。

饗應をうけるナマハゲ組（北浦町相川）

図10　饗応を受けるナマハゲ組

宿に安置されたるナマハゲ面（北浦町相川）

図11　宿に安置されたるナマハゲ面

㈢　―宿に安置されたるナマハゲ面―（図11）

各家々を廻り終わったナマハゲは

宿に帰る。先程まで使用していたナマハゲ面は掛軸のある部屋に置かれ、御神酒、御燈明を供え、参加者一同礼拝して一応のナマハゲ行事は終了する。

この後、ナマハゲ面は青年団長＝ナマハゲ宿の人目につかない場所に保管され、次の行事の日まで待つのである。

註① 高橋文太郎 明治三十六年（一九〇三）一月―昭和二十三年（一九四八）十二月 大正・昭和の民俗研究家 東京都出身（参考図書『日本人名事典』講談社 二〇〇二年十二月発行）

註② 『旅と伝説』「男鹿のナマハゲ」通巻百五十九号 昭和十六年三月 三元社 民俗資料集成 第二十七巻 岩崎美術社 一九七八年十一月 完全復刻版

（9）「男鹿の昔話」（註①）より

一、なまはげとじっこ（爺）巡査

男鹿市北浦 小川常雄氏採集

（前略）

私の子供時代（昭和初期）の北浦の新道地区は、芸者・酌婦を置いた料理店・飲食店が軒を並べ、昼日中から、三味線太鼓の賑やかな花柳界で、今の北浦からは想像もつかない繁華な港でした。何しろ、鰊・鮭・鰰・鰯などがとれ、真山からは木材が切り出され、向い海の能代港へそれを運ぶ機帆船や機動船が沖に停泊し、また、北前船の避難港でもあったものですから、その賑やかさはおして知るべしでした。こうした花柳界の女たちを追いかけて、恐ろしがらせるのもなまはげの役得なものですから、若者にとっては一年中の楽しみで、他県に出稼ぎに出ている若者も皆帰郷して、この夜ばかりは、天国のような故郷なのです。

この新道地区になまはげの名人がおりました。とにかく素晴らしいなまはげぶりなのです。稼業は鍛冶屋さんで、やじ鍛冶と呼ばれて、五里合村の谷地《ヤジ》部落から二、三代前に北浦の新道に引っ越して来たのだそうで、町の人は皆そう呼んでいました。

このやじ鍛冶のアンチャ（長男）のなまはげぶりは、大人たちでさえゾクゾクするような迫力があったのです。しかし、このやじ鍛冶なまはげにも苦手がありました。

当時北浦には、巡査部長派出所があり、三人の警官が駐在しておりました。その中で年配の一人の警官が、町の人からジッコ巡査と慕われておりましたが、この人がなまはげにとっては大敵なのでした。

その頃の大きな料理店には、皆、芸者や酌婦がおり、小さい料理店でも客の要望で酌婦が出入りしていたものですから、皆、風俗営業の許可を持っており、警官の監視の元に置かれておった関係上、巡査達は毎日のように新道には巡回して来たもので、とても親しくしており必ずどこかの店でお茶を飲み、話しこんでいたものです。普段だと料亭の女たちは男なんかヘノカッパなんですが、この年越しのなまはげばかりは大の苦手で、暮れが近づくと親しんでいるジッコ巡査に助けを求めるのです。

こうして頼りにされるとジッコ巡査も何とかしなければとは思っても、昔からの土地の大事な風習のナマハゲ行事を、いかに警察官でも阻止する事は出来ません。しかし、女たちにはいいところも見せなければ毎日の茶飲み話もしにくいし、ちょっと困りましたが、そこは餅は餅屋で、「あっ、これだ……この手がある。」と思い付いたことがありました。ジッコ巡査はこれを利用したのです。先ず、一番始めに入る料理店で宵のうちから待ち構えていたのです。こんな事とは知らないなまはげは、

図12　「男鹿の昔話」（男鹿市教育委員会）より

「ウォーウォー」と玄関から入り、踏み台の上でドシンドシンと足を踏み鳴らした途端、待ってましたとばかり現れたジッコ巡査は、

「コラ、お前たち。誰の許しを得て入って来た。」と怒鳴りました。

　びっくりしたのはなまはげです。何が何やらさっぱりわかりません。

「ナニスタスカ（どうかしましたか）だな（旦那）さん。なまはげダス（です）なまはげダス。」「ソダソダ（そうだ、そうだ）なまはげだ。」と付き人達も一緒になって騒ぎだしました。ここで引っ込んでは巡査の面目がたたんとジッコ巡査は、痩せた肩をぐいっと前につき出し、

「おまえら許可なくして無断で入ると家宅侵入罪でしょっぴくぞ。いいか。」とにらみつけました。びっくりしたなまはげたち、こんなことってあるかい、今だかつて聞いたことない。大事な出ばなを挫《くじ》かれて、さすがのなまはげたちもたじたじ。その時、なまはげの後より進み出た付き人が「だな（旦那）さん、これは一体なんとしたことだすか、今日は年とり（大晦日）だすよ。なまはげが不法侵入だなんていままでいわれだごともネスヨ（言われたことはありませんよ）。」

　他の付き人も「ンダンダ（そうだそうだ）…なまはげだど、なまはげだど。」と息まきました。

　ジッコ巡査は、「いくらなまはげでも、無断で他人の家に入ることは許されない。こんなに言ってもわからなければ署に連行するぞ。」何かに言っても法には弱く、巡査を苦手な若者たちですから、ぶつぶついいながらも引きざるを得なかった。だが、なんといっても長い間の伝統的な風習のなまは

げだ。だまって引っ込んではいられないと相談し、ジッコ巡査は新道の上の方の料理店にいるのだから、下の方の料理店から廻ればいいと、坂下の方の料理店で暴れまわった。それを聞いたジッコ巡査が下の方の料理店に来る頃は、知らせを聞いたナマハゲ組はパッと隠れて鳴りを潜め、今度は上の方に入る。何しろなまはげ組は、付き人も大勢だからジッコ巡査の動きがすぐわかる。こうした追っかけっこのようなこの夜のなまはげでした。(以下略)

註① 「男鹿の昔話」 男鹿市教育委員会 平成五年三月発行

(10) 版画家勝平得之(註①)の「ナマハゲ」スケッチ

版画家勝平得之に「ナマハゲ」を彫った作品が何点かある。たとえば昭和十五年(一九四〇)十二月、上野の府立美術館開催の第九回日本版画協会展に出品された三枚一組のナマハゲは好評であった。太平洋戦争突入の前年、ナマハゲの自粛運動が広がっていた頃である。勝平は版画の制作にあたり男鹿へ出かけ、ナマハゲを観察、克明にメモしている。以下の図と説明は門前、船川での勝平による取材メモを整理して記す(秋田市赤れんが館蔵)。

『勝平スケッチ帖』№二一。図14・(1)、(2)門前面。(1)は方形のブリキ製。角は木の技か、鼻は木製。髪は黒モク、目、頬は金、口は紅、顎は金。髯は「土色ヒロ(シュロか)に似ている」とある。裏面に頭にかける三本の紐が下がる。

(2)の特長は角に鹿角状の枝を用いていること。角に髪を結ぶ紐が付いている。眉と鼻は木製か。目は釣り上がり、紐様のものでかたどる。色彩・鼻は赤、頬は金、角は金に紅とある。昭和十年七月

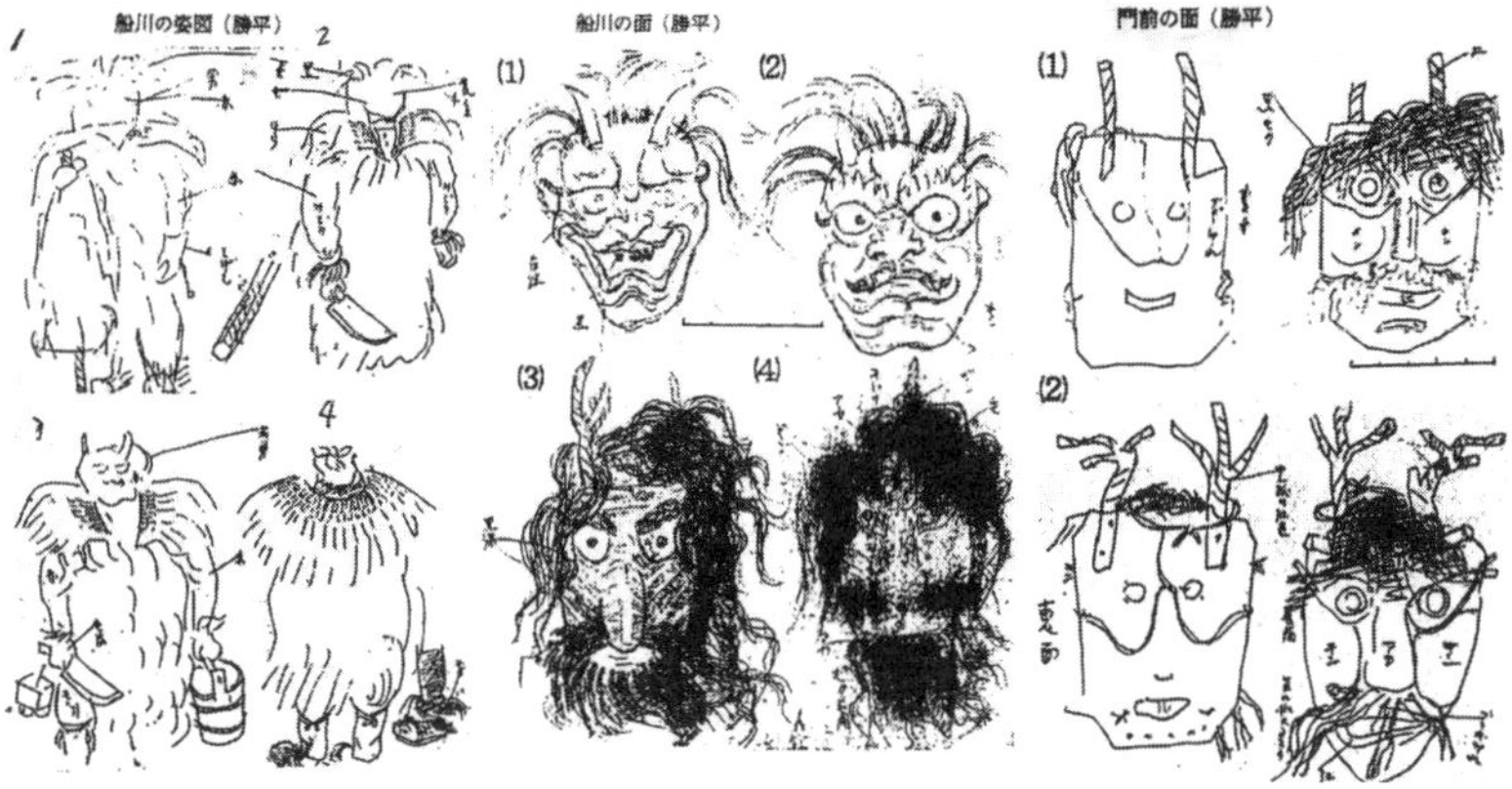

勝平得之のスケッチ　右から図14（門前面）、図15（船川面）、図16（表・裏姿図）（いずれも秋田市赤れんが館蔵）

十三日写、元山氏宅にて、とある。

『勝平スケッチ帖№二七（図15）、船川面・木製。

⑴般若の面に似ている。外反する角、目尻の辺から紐を通している。頬は青緑、欠けた上歯は黒。唇は赤。

⑵内反する角。眉は鋸歯状、目は大きく、目尻の辺から紐を通しているのは⑴と同じ。鼻は異形。色彩・目は銀、上唇は金、牙がある。顎は赤。

⑶右角は木の枝で鹿角状、金紙を縞状に巻く。左角は欠失。髪と髭が全面を覆う。のっぺらぼうな鼻筋に金、目と頬は銀、髪は黒緑。

⑷角は一本で銀色。頭髪に毛とあり、色彩は緑と赤。釣り上がり目は銀。鼻は金、頬は赤。髭は赤でモクを用いる、とある。

図16は表・裏の姿図である。

⑴男で赤面、髪は茶色。腕は赤、手には「てけし」をつけている。持ち物は六角形の棒で御幣とみられる。

⑵女で青面、髪は黒、黄。けらを着る。腕は緑、右手に包丁を持つ。

⑶ケラを着た若い男で面、腕は赤。右手に毛皮の手袋をはき包丁、左手に桶を持つ。股引をはいている。注意されるのは右腰からももに方形の箱をさげていることである。これがカラカラと鳴る箱であろう。

⑷背面からみた図。脛巾《はばき》にモクを用いている。

ナマハゲ面をはじめ衣装について、これほど詳細に記録したのは勝平得之をおいて他にいない。

註①　勝平得之　明治三十七年（一九〇四）四月—昭和四十六年（一九七一）一月　秋田史出身

二　放送と映画

（1）怪物ナマハゲでるぞ

ナマハゲの声が電波にのったり、その姿が映画に撮影されたりしたのはいつ頃からだろうか。NHK秋田放送局の開局は昭和七年（一九三二）二月二十六日である。それから四年後、昭和十一年（一九三六）二月七日、魁夕刊は「男鹿半島の怪物・ナマハゲ罷りでるぞ！今晩」の見出しをつけ、つぎのような記事をかかげている。

七日の夜（旧正月十五日の晩）男鹿半島を中心にしてナマハゲと称するグロテスクな怪物が横行する。ナマハゲについては秋田鉱専の大橋良一教授により日本地理風俗大系（昭和四年）に写真とともに紹介されたゝめに有名となり、その後、民俗学の権威柳田国男氏や折口信夫博士らが研究のため来県したりしてから一躍天下にそのグロ的存在が認められた。

折口博士の解釈によれば、ナマハゲは未知の国より新春の祝福の言葉を述べにくる一種の神であるといい、ナマハゲ又はナモミハゲ、ナモミタクリなどとも呼ぶが、ナモミとは皮膚病を意味し腰には山刀を下げ、爐にさゝっている子供たちの脛の火ダコを削りとるのだという。岩手県宮古地方にもやはりナゴミというものがある。ナマハゲと同じグロテスクな鬼の扮装をしている。ナマハゲの一番さかんなのは北浦町である。

（2）ナマハゲの放送とタウト

その翌日、午後六時二十五分・UK講演（実演附）『男鹿のナマハゲ』が秋田放送局で実演された。まず赤神神社社掌元山高淑《もとやまたかよし》が、男鹿のナマハゲについて、つぎのような講演をしている。

「ナマハゲは旧正月十五日に行われる秋田県男鹿半島特有の奇習俗であります。伝説に第十二代景行天皇の御代に、漢の武帝が白鹿に乗って五匹の鬼を従えて男鹿半島の本山にやって来たというのにナマハゲが始まるのであります。五匹の鬼というのは夫婦鬼と三匹の子鬼で、夫婦鬼は早く死にましたが三匹の子鬼は武帝に仕えて苦役に従事し、民情視察或は産業をすすめ、常に人民に勤労精神を励ましておりました。しかし年に一度、即ち陰暦正月十五日の夜だけは、村里に出て欲するものを自由に攫《さら》い、求むることは許されております。

男鹿十一ケ町村は多少習慣、行事に差異はありますが、村の血気の青年たちが、このナマハゲを装い美しく村里に出てまいります。この装いは赤面、白面、青面等の鬼面。海スゲという海草で作ったケラ、ミノ様のものをかむって同じ腰あて、藁の靴、腰にはガラガラ鳴る箱を下げ、手に小刀を持ちドシン、ドシン足踏みして鬼声を張りあげ、家の隅々まで捜すものゝように歩きまわる。這入られた家では主人が礼装して提灯をさげて案内したりします。

ナマハゲの目指すものは初嫁と初婿をにらみ、或いは子供等をにらんでひっ捕へ、抓《つね》る、突く、押す、転がす等、大いに鬼の威力を示し、揚げ句の果てに多分の貰物を持参してきた袋に入れて隣りから隣りへとドンドン押し込んで行くのであります。

要するにナマミ・ナゴミ・ナモミ、即ち人並みの仕事もせず爐にあたって火形のついたのを「ハグ」

はぎとることがナマミハグでありまして懶惰《らいだ》を戒めに鬼が歩くのであります。」

講演後、マイクの前でナマハゲ実演が行なわれた。出演者は菅原徳蔵氏、笹渕俊也氏、渋谷英二氏の三人。かれらは船川港町の青年団員。「出前ナマハゲ」のはしりである。

その実況をタウトが傍らで見ていた。タウトとは、世界的に著名なドイツの建築家ブルーノ・タウト（前ベルリン大学教授）である。かれが秋田へきたのは昭和十年（一九三五）五月末が最初であった。そのときは「飛騨から裏日本」―旅日記抄（『日本美の再発見』）でわかるように京都、飛騨、北陸、佐渡、山形、秋田、青森、松島、仙台、東京と汽車を使っての探検旅行の途中立ち寄っている。この旅行でかれは秋田の建築に興味をもち、翌年の冬二月、わざわざ雪の秋田をみるためやってきたのである。それには勝平得之らの誘いがあったようである。「雪の秋田」―日本の冬旅（『日本美の再発見』）はそのときの記録である。

二月九日「晩に秋田放送局で農民達が三人の悪魔を演ずるというので行って見る。草や海草で作った蓑をつけ、お伽噺にでも出てくるような悪魔の面を被っている。これはもともと子供達を嚇かす為のものであるが、少し効果が強過ぎると思う。しかし芸術的には非常に印象的だ」（篠田英雄訳）と書いている。

その晩放送局を出て保戸野川反のK旅館に泊まった。そこへ勝平得之、奈良環之助、近藤兵雄、武塙永之助、魁新報の武塙整理部長、中島耕一の六人が訪問し、タウトから「雪の秋田」の率直な感想を聞いている。タウトは、日本滞在中は日本を褒めあげ、帰国してから悪口を書くのはよくない、思った通りのことを言う、と前置きしていろいろ語っている。

なかでもナマハゲについては「ナマハゲも興味深く思いましたが、サンタクロース、あれにはナマハゲと同じような意味が含まれているようです。いい子には褒美をやるし、いけない者は叱る—というのですね（中島耕一「タウト氏に聴く」下・昭和十一年二月十三日魁夕刊）と語っている。ともかく出前ナマハゲとはいえ、外人が「ナマハゲ」を体験し、感想を述べたのはタウトをもって最初とすべきかもしれない。それから間もなく、天下を震動させる二・二六事件が起こる。

（3）『雪の秋田名物』の撮影

タウトから秋田はすばらしいと評価を受けたためか、昭和十三年（一九三八）二月、秋田県観光協会では『雪の秋田名物』を撮影し、全国に紹介することになった。それには国際観光協会の須藤義雄がカメラマンとともに二月十四日来秋。秋運旅客係の案内で十四日横手のカマクラ、大曲の綱曳、十五日に男鹿のナマハゲ（男鹿のどこのナマハゲであったかは不明）、十六日は三吉梵天の撮影を行っている。なお、梵天奉納の様子は全国へ実況放送されているから、撮影と実況は同時に行われた、とみられる。

一方、昭和十四年（一九三九）二月二十五日、魁読者の声に「小正月の行事廃止反対」（図17）の声がのる。昭和十四年三月二十七日、閑院若宮殿下臨席のもとにテレビジョンの光栄な実験が行われた。昭和十五年十二月十八日、「旧正月は廃止」（図18）、由利郡全域。昼酒も絶対禁止、十二月二十日、「ナマハゲ追放」（図19）などが報じられ、暗い時代への前兆が巷に満ちあふれてくる。

讀者の声

紙上の匿名は随意なるも原稿は住所氏名明記のこと

小正月の行事

この小正月廢止《はい》のことは昨年《さく》も當町國防婦人會々長より提案《ていあん》せられ大町、樋場の農民《のうみん》團の猛烈《もうれつ》なる反對《はんたい》により其儘立消への姿となつたが、本年も又○長さんが音頭とりでブリ返され、或る區會に臨席《りんせき》して、徒らに古き虚式《きよしき》を盲守《もうしゆ》し舊套を脱し得ざるは町民の認識不足も甚しと放言したので、一區會員が憤然として「在るものを破壊してそれで眞の甦生革新であると見るのが誤りである、當町における小正月の行事は産神御嶽神社の初詣りの神事と結びつき三百年來尊き傳統を有する神祭りの行事にて敢て飲《の》み喰ひに散財して無意義に遊興すべきものでなく毎年十五日より二十日までの間は各《かく》家庭において産神の掛物をかけ神前に鏡餅と神酒を供へてお祀りするのが從來の行事であつてこれが虚式《きよしき》、虚禮《きよれい》であるとは神國たる日本國民の絶對に慎むべき詞である、人より年賀《が》の禮をうけて之《これ》に返禮の儀を缺かば禽獣《きんじう》に等しかるべし、今や長期聖戰の最中、國威宣揚、出征将兵武運長久、皇軍勝利《り》の祈願をこめつゝあるの秋、敬神《けい》尊佛《そんぶつ》の思想は吾々國民の大に強調すべき重大事である、小正月の行事を廢せばとて何程の經費を節約し得べきや思想上に及ぼす影響は甚だ重大なるものあるべし、物質本位に捉はれて精神界を顧みざる偏見こそ大なる認識不足である」と、痛烈に○長さんの認識論に酬いたのである、實際《じつさい》吾々貧農にとつては小正月の行事こそ神様《さま》より惠み與へられたる唯一の慰安であつて明けの元日より暮の大晦《みそ》日まで一日として寧日なく土に親しみ泥にまみれこの一年中の塵と垢《あか》を洗ひ流してゆつくりと手足を伸ばして休む心身慰安の樂みは到底有産階級の夢にだに味はふことの得ざる眞の極樂世界であります、極端なる○長さんの節約《せつやく》論は生きた人間を干物にして農民《のうみん》の意《い》氣消沈を招來する外一物の得る所なきを痛感するのであります。

（西馬音内町消費生）

図17　本文「小正月の行事廃止反対」

舊正月は廢止（由利全郡）

晝酒も絶對禁止

紀《き》元二千六百年最後の由利郡役常會は縣經濟統制課の池田、白川佐《さ》藤各屬《かくぞく》を迎へて十六日午《ご》前九時より本莊町公會堂《どう》に開催

劈頭西瀧澤村提出の酒の切符制配給實施方を其筋に要望するの件で議論沸騰結局町村への割當基準をどの點に置くかで問題は具体化せず臨席の塚本本莊税務署長より調査研究中であるが酒の偏在についても同樣調査中であるとの言で此の問題は留保、次いで北内越村の提議による滿洲に建設される由利鄕に對し明十六年度より建設終了まで每年一町村二名宛、七、八、九月の三ケ月間勤勞奉仕隊を送出する樣郡事務所長、由利鄕建設協會長並に郡町村長會長に要求し其の經費（一人當り百圓宛）明十六年度より町村豫算に計上承認方を右三名より知事に要望實現することを滿場異議なく可決

更に正月（陽《やう》暦）は一、二、三五の四日を郡下一圓に各《かく》休日とし舊《きう》正月の廢《はい》止並に晝酒は絶對

図18　本文「旧正月は廢止」

ナマハゲ追放

新體制《たいせい》の波に押やられて男鹿半島地《ち》方の正月氣分になくてはならぬ行事の一つ縣外にまで名物となつてゐる「ナマハゲ」も單《たん》なる行事にのみとゞまらず一種の演戯《えんぎ》の鑑札を所轄《かつ》署から交附され所謂なまはげに各家々で供した酒或は米が米穀が國家管理を斷行されて配給制になり酒も全く入手が至難になった昨今ナマハゲの存《そん》在餘地《ち》がなくなり十八日の南秋常會ではナマハゲを俎《そ》上にのせて論議《ぎ》の結果ナマハゲの自《じ》肅要望が叫《さけ》ばれ、一部强硬派《こうは》には全廢《はい》の說もあつて農《のう》村の小正月廢《はい》止とゝもに軈《やが》てナマハゲは語草か、或は餘興の程度に存置《ち》されるとすればあの豪《がう》快《かい》とグロテスクな荒神もまさに一本お面を喰《く》はされた形である

（寫眞は問題のナマハゲ）

図19　本文「ナマハゲ追放」

（4）『土に生きる』の撮影

こうしたさなか昭和十五年（一九四〇）八月、秋田の農村行事等を撮影のため、東宝撮影隊が来秋する。記録映画『上海』で絶賛を博した本邦カメラマンの異才三木茂（註①）監督の映画『土に生きる』の撮影のためであった。

三木はこの映画の製作目的をつぎのように語っている。日本の人口の半数は農業に関係している。その農村の本当の姿を描きたい。そして農村の生活文化の前進に尽くしたい。この発想のヒントはどこから得たか。曰く、吉田三郎の農民日録と農民手記の二著によるものであったと。この二著から多大の恩恵を受けた、と述べている。

三木は昭和十五年一月頃から資料を集め、五月頃までシナリオの執筆にかかり、六月から約一カ月間全県をひとわたり廻り、八月十七、八日の脇本の盆踊りから撮影はスタートした。主たる背景地は男鹿半島である。そのほか由利、本荘、南秋田金足、追分、米内沢などにでかけ、農村、農民生活をフィルムに収めた。撮影完了は十六年七月末であった。

しかし、時局柄出来上がった作品のなかで、検閲でカットされた部分が四カ所あった。彼岸花売りの後に挿入される「出稼ぎ」に行く場面。除草のあとに続く風水害、病虫害の場面。最終場面である農業倉庫で農民が米代金を受け取る場面である。

三木は土地と農民の結びつきは、経済学が説く単なる生産材と労働力の関係だけでは理解できない、と考える。土地に対し農民が抱く、何か素朴な理念とか因縁が存在する。それを映画で探求したいと考えた。また自然災害に対し、あきらめをもち、運命の支配を神業に帰す気持ちを本能的にもっている。

農村の行事はこのような人々の気持ちから発したもので、これを切り離して農村はありえない、と考えた。かくして村も三木も、農村を都会の人に観せるのでなく、知らせる映画にしたい。つくる側に立たず、農民側になってやる。そして関西、九州などとは全然気候、風土の相違している、否、それよりももっと大きい生活感情全体を狙うつもりであったが、こと志通りにはいかなかった（東宝文化映画部・村部長談）という。

それにしても東宝という営利会仕が、太平洋戦争突入寸前の時期に、文化映画に十万円もかけ、一年もの日数を費やして撮るなどという馬鹿気た企画は、これまで有りえないことであった（村部長談）という、三木、村両氏の自作についての厳しい自己評価があるが、映画『土に生きる』は日本の記録映画史上、高い評価と位置づけがなされるべきでなかろうか。撮影ネガは四万二千尺に達した、といわれる。

図20　秋田魁新報（昭和16年7月7日）「秋田写真風土記」より

この映画のなかに、ナマハゲが取りあげられているのは言うまでもない。そして撮影も終わりに近づいてきた昭和十六年七月から『秋田写真風土記』と題し、二六回にわたり印象的場面を魁新報に連載した。そのなかの「ナマハゲの弁」と題する三木の写真（図20）とコメントである。

東北地方に於ける、いろいろな行事のうち男鹿の風習「ナマハゲ」はドラマチックな点に於て、内容の意味深い点に於て、行事中の花形である。雪深い小正月の晩、赤と青の面を被った二匹？の鬼が戸口に現れて、お正月の休みにすっかり怠け癖のついた人々の気持ちを引きしめてあるくのである。

「泣く子はいるか、いねか」

「朝寝をするか、しねか」

「怠けがちな嫁やムコはいるか、いねか」

と、こういう科白《せりふ》を怒鳴り合って、働け！うんと働くんだゾと云う意を裏に、戸毎に嚇かしてあるくのは効果百パーセント。

これを考え方によっては、あれほど自分たちがふだん激しい働き方をしていながら、まだ自分たちで自分たちの心を引き締めなくてはならないという自戒精神は、実に尊いものとしなければならない。

それに何ぞや、心なき人は迷信と云い、野バンと云い、その美しい、珍しい現実の夢を否定し去ろうとしている。世はあげて増産時代。こんな時代に鹿爪らしいことを云ってわれわれの夢を奪うな。地方文化保存のためにも「ナマハゲ」の存在は有益だと思うが如何。

註① 三木茂　明治三十八年（一九〇五）十一月—昭和五十三年（一九七八）九月　映画監督　高知県出身

(5) 太平洋戦争の終末期

昭和十九年（一九四四）一月、魁新報は『輝かしき伝統の郷土行事』と題し、梵天祭、かまくら、ナマハゲ等をとりあげ紹介している。そのうち、ナマハゲについては一月十七日、齋藤正倫の談をのせている。三月六日付けより夕刊は休止となり、朝刊は四頁（月、木は二頁）になった。こうした状況のなかで、舟山三朗画の「ナマハゲ」が魁紙（五月六日）の前戦慰問絵はがき⑤として掲載されている。

同じ頃、さきの映画『土に生きる』撮影の副産物として『雪国の民俗』（昭和十九年五月）が養徳社から刊行された。時局柄、この出版は映画撮影と同じく異例といえる。二千数百枚のフィルムから雪国秋田の民俗を精選、写真集として刊行された。そのなかに脇本の大きなナマハゲのザル面が三枚

図21　『雪国の民俗』―「農村歳時記」より

図22　同上

図23　同上

収められ、次の説明がある。
ナマハゲ―旧暦正月十五日の夜、赤鬼青鬼の面をかぶった若者二人（図21）が、藁またはウミスゲ（海藻の一種）で作った蓑を腰蓑様のケンダイを着て（図22）、藁のハバキ、クヅを履き、銀紙を張った山刀あるひは鍬や大包丁をもって、家々にあらはれ、泣く子、あくたれ子、怠けがちの嫁婿をさがして体罰を与える。正月休みの怠け癖を引きしめ、農事に精出させるための厳粛な行事である。ナマハゲの来た家では、主人が丁重にあつかひ、酒肴をもてなす（図23）。（南秋田・脇本）

三　戦後の記録

戦後のナマハゲの記録は多数あるが、そのうちからつぎの四例をあげる。

（1）ナマハゲコンクールのはじめ

敗戦の傷跡がようやく癒えはじめた昭和二十七年（一九五二）二月三日、船越町文化劇場で男鹿連合青年会主催のナマハゲコンクールが行われた。秋田の民俗学者奈良環之助は、年中行事のコンクールは変だと思ったが、ナマハゲの地方色を比較研究するために意義あることと考え出席した。行ってみると普通の芸能コンクールとの混催で、少しあてがはずれたと思った。しかし、ナマハゲが呼び物となって秋田市長、地方事務所長、県会議長、魁文化部長、渡辺・辻両画伯、東京朝日新聞社記者などいろいろの人がきていた。

出演したナマハゲは門前・上金川・鵜木・船越の四組であった。このなかで鵜木の面は古風でよかった。門前の面に鹿の角をあしらったのは男鹿の鹿に因縁をつけすぎた感があった。上金川のババ鬼は能面の般若の形を取り入れ過ぎた。船越のジジ鬼は手製らしい素朴さがあった。髪や服装にウミスゲやモクを使用した筈だが、それがなかったのは寂しい。門前は三鬼（他は一組二鬼）ともシボ（木綿屑で織ったもの）を着ていたのは海辺の村らしい体臭が強くてよかった。船越のは裸身であった。三十年前に裸身ナマハゲの話を聞いてたので、これかなと思った（奈良環之助「男鹿半島のナマハゲ」観光報知新聞・昭和二十七年二月二十七日付け）、鵜木の古面、船越の手製の面は未確認。鹿の角をあしらった門前面は木の枝を付けたものであったろう。上金川の般若形の面は秋田の仏師が作ったといわれ、今も大事に保管されている。

会終了後、ナマハゲ及びコンクールについての座談会があり、観光とナマハゲをめぐって有意義な話しあいがもたれたようである。

（2）第一回ナマハゲコンクール

昭和三十一年（一九五六）十月十八日、午前十時、男鹿市観光協会、県観光協会主催の第一回ナマハゲコンクールが船川第一小学校を会場に開催された。観客は約二千人といわれた。これに参加したのは市内の各地区からでてきた青年会ナマハゲ十八組。体育館の壇上でおらが地区のナマハゲ面を被り、ケデを着て大晦日そのままに演じた。審査員は奈良環之助をはじめ、数名であった。審査の結果、一位相川、二位芦沢、三位に門前が選ばれた。この日三位まで入賞した「ナマハゲ」は、会場からバスに分乗して秋田県庁、秋田市役所、秋田魁新報社、秋田市内の著名商店などに宣伝をかねてまわった。男鹿のナマハゲが秋田市を訪問したのは約八十年目（魁新報記事）といわれた。

（3）岡本太郎（註①）の日本再発見

ナマハゲコンクールが行われた昭和三十年代のはじめ、芸術家岡本太郎は雑誌『芸術新潮』に全国各地の伝統行事などをみて歩き、そこから新たな芸術問題を提起する「芸術風土記」を連載した。『日本再発見』―芸術風土記（昭和三十三年、新潮社）はそれをまとめて刊行した本（図24）。その冒頭に男鹿のナマハゲをとりあげている（図25～27）。ナマハゲに強烈な印象を受けたからであろう。

図24　『日本再発見』―芸術風土記―

彼がナマハゲに惹かれるのは面だという。書物で写真を見て、「こいつはいい。無邪気で、おおらかで、神秘的だ。濃い生活の匂いがする」と感心した。大たい日本のお祭りの面などは、どこかしらじらしくこまっちゃくれている。それに比べると、ナマハゲは底ぬけで、ベラボーな魅力がある。これは古い民衆芸術のゆがめられない姿だと感じた。ところが、男鹿へ来る前に観光パンフレットを見てがっかりした。月並みな神社、仏閣にある鬼の面とちっとも変わらないのを被っている。「これじゃあ、仕様がない。こんな面をかぶって出てくるのでは、わざわざ秋田まで来たカイがないじゃないか」そう思いながら男鹿へやってきた。そして実際ナマハゲをみた。実見したナマハゲのマスクは、やはり期待したものとは違っていた。しかし、パンフレットにあるものよりは遥かにましな「ナマハゲ面」に出会うことができた。「それ（面）をつける若い漁師の素顔の逞しさ、藁の衣装とのなまなましいコントラストはすばらしかった。むしろこの方に、本当のナマハゲの実感を捉えることが出来た」という。まかり出たナマハゲは、船川港芦沢地区の面であった。『日本再発見』のカバーをはじめ、本文中に岡本が自から撮影した芦沢ナマハゲの写真四枚を掲げている。ナマハゲについて芸術家の視点から評価を下した最初でなかろうか。彼がみた芦沢面は、さきのコンクールで被った面であった。面はその後破損し、修理、使用さ

図25　『日本再発見』—芸術風土記—より

図26　同上

図27　同上

れていた。

註① 岡本太郎 明治四十四年(一九一一)―平成八年(一九九六) 洋画家・芸術家 東京都出身

(4) テレビ『陛下とともに』

ナマハゲがテレビで全国に放映されたのはいつか。小野崎勝正氏(船川港芦沢)によれば昭和三十三年(一九五八)十二月三十一日晩、比詰の原田作右衛門家におけるナマハゲがはじめてあったという。このときナマハゲになって出たのは小野崎勝正氏と原田博正氏(比詰)。寒風山に仮設アンテナを設け、そこから森吉山のアンテナを経て全国へ実況中継されたという。ついで昭和三十四年(一九五九)十二月三十日、秋田の年越し風物の一つとしてナマハゲは『陛下とともに』(三十八回)という番組にとりあげられた。このとき六郷の竹打ち・鳥追い・横手のかまくらも合わせて放映された。制作は日本教育テレビ社会教養課。ただし秋田からの実況でなく、東京で行われた。神社、家並、かまくらなどが、スタジオにセットされ、鬼の石段伝説を影絵で演じる背景のなかに、ナマハゲが出てくるシナリオであった。これに出演したのは船川ナマハゲ保存会・小野崎勝正氏・古山剛氏らであった。男鹿のナマハゲが陛下へ捧げる番組にとりあげられたのは光栄の至りであった。

この番組が放送される少し前、男鹿市観光協会では、ナマハゲを全国的に宣伝するためナマハゲ踊りの創作を計画した。昭和三十四年秋、作曲家石井歓と舞踏家石井漠の門下黒沢輝夫が男鹿市を訪れたことで相談がまとまり、石井漠の振り付け、歓の作曲による踊りが出来上がった。そして昭和三十五年(一九六〇)三月十一日から四日間、東京目黒自由ケ丘の石井漠舞踊研究所で初練習が行わ

図28　ナマハゲ踊りの練習風景

れた。これに参加し、踊りを習得した第一号は小野崎勝正氏、古山剛氏、渋谷英夫氏、原田博正氏の四人であった。図28は練習情景を写したもの。中央が石井漠、右端は黒沢輝夫、右から原田氏、古山氏、小野崎氏。

それから四十年、ドラと拍子木、鉦による原始的ナマハゲ踊りは、新しい伝統芸能として男鹿の地に定着した。高度成長期に突入すると、ますますナマハゲは男鹿の民俗、観光資源としてクローズアップされてきた。

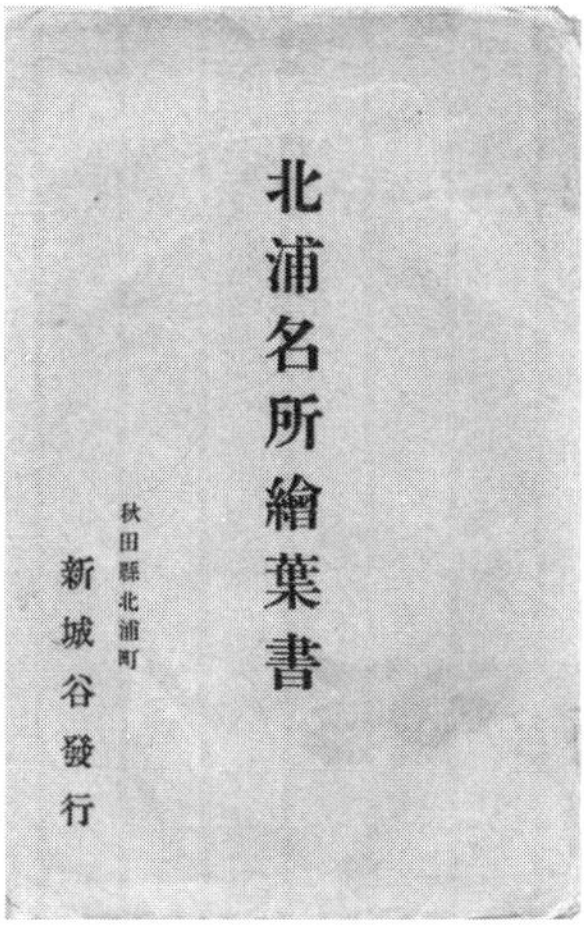

「北浦名所絵葉書」秋田県北浦町新城谷発行（昭和初年）より
上：表紙（袋の表面）
左：日本百景男鹿半島名所入道崎燈台

同　北浦町表町通り

※　幕末・安政期には海岸防備のため、移住を命じられた郷士 18 家が道を挟んで居住していたが、維新後はそれぞれの故地に帰郷していった。かつてはこの長くて広い道路では、近村の人々が集まって草競馬を楽しんだという。そのため〝競馬道路〟の別名がある。

「北浦名所絵葉書」より北浦港の遠景（昭和４年）

澤木銀行北浦支店（『男鹿島名勝図絵』東陽堂・明治 42 年）

写真は明治後期の沢木銀行北浦支店である。同行はその後、大正６年（1917）には船川銀行、大正 14 年（1925）には第四十八銀行、昭和 16 年（1941）には秋田、第四十八、湯沢銀行の合同により株式会社秋田銀行と行名が変わり現在に至っている。なお『男鹿島名勝図絵』の写真説明は「北海支店」となっているが誤植と思われる。

Ⅱ　伝承にさぐる北浦の歴史

本章では、男鹿北部の古老たちから聞いた習俗の一端を刺身のツマの如く羅列した。筆者は、民俗学という学問には関心があるが、これを専門にするものでない。瞽蛇《めくら》におじぬ愚をあえて犯しているにすぎない。したがって年中行事・信仰などにどういう背景や意義がひそんでいるのかについて考察する能力を持ち合わせていない。だが幸い、この方面の学問も進歩発展してきているようである。以下羅列して習俗の中からいくつかをとりあげ、最近の学説などを援用して解説する。

一　年中行事

【大晦日】

臼伏せ　三十一日の晩、土間で行うもので、米搗き臼であったが今は餅搗き臼を使っている。臼を用意しておく。朱塗りの膳の上に一升桝を置いて中に米を盛り上げて、その上に丸餅三個を並べて、この上に臼をかぶせる。臼の上にカショゲ（水桶）と柄杓を置いて、更にお供え餅を入れる。臼のまわりにスメ（シメ）縄を張り、新しいワラ沓・ワラボーキを揃えておく。カショゲは若水汲みに使う。

ミタマ飯　臼伏せと同じ三十一日晩に作る。新米を炊き、径五㎝くらいに丸く握って作る。例年は一二個、閏年は一三個作る。お膳に半紙をしいて四個ずつ並べ、キザミ昆布や黒ノリをかける。これは稲株（イナカベ）にズキ（肥料）をまいた状態を表しているもので豊作祈願だという。正月七日には下ろし、ケノコ（スマシ汁）に入れて食べる。残ったミタマ飯はワラ包《つと》に包んで乾燥させる。

三十一日　ケノコを食べる。大きな鍋にフキ、サシドリ（イタドリ）の塩漬した物を入れて、若木の小柴をイロリにくべて煮た。これは、畠山喜右衛門の家でやっていたことだ。

【正月】

若水汲み　若水を汲む時、北浦では提灯を持つ人とカショゲを持つ人の二人であった。真山では一人で行った。若水を汲む時には、「年のはじめの若男、水を汲まずに金《かね》を汲む」と三回唱える。若水に行く人は、人と話をすれば御利益がなくなるといわれ、無言でしなければいけない。

臼起こし　一月一日の朝、「臼伏せ」で伏せた臼を起こす。臼の下にある一升桝を出して神棚に上げて拝む。その後、一升桝を座敷に下げてくる。家の主人は膝をついて、米の品種名（愛亀、亀ノ尾、一三二号等）を呼びながら、桝の中の丸餅をとり上げる。その時、例えば〝愛亀〟と呼んだ丸餅の底に米粒が三つの丸餅の中で一番多く付いていると、その品種の籾を春苗代に撒くという。

ヌサカケ（幣掛け）　正月二日の朝食後に行う。暦を見てその年の「あけの方」に向かって「ヌサ早く下げれ」と言われた。〝ヌサ〟は梅の木に下げるのが一番よいと言われている。そうすると田畑の仕事がはがいって（順調にすすむ）、遅れることがないという。

※明けの方＝「明きの方」、更には「恵方」とも。その年の歳徳神のいる方角とされ、毎年変わる。

爪切りの日　正月六日の朝食後、家の主人は「今日は爪切りの日だ」と言って、お盆に松、ゆずり葉、干しハタハタを入れ、年の順に爪を切らせる。爪の伸びていない人は切る真似をした。切った爪は盆の中に入れる。

門松　二十日正月を過ぎると庭の木に結びつけておき、翌年のセト火で焚く。セト火で焼いた餅を食べると風邪をひかないと言われている。（登藤慶次郎氏談）

門松は、カラスの鳴かないうちに外し、家門に対して東向きの木の枝に吊り下げておく。かど松に使うユズリ葉は国有林の中に良いのがあるので採りに行く。

「ダイコンとミタマ飯」

真山神社歓喜天堂の虹梁《こうりょう》の上の蟇股《かえるまた》には、葉を繁らせた「大根」の透かし彫りがある（次頁写真上）。この他に安全寺の善太郎が奉納した「二股大根」の絵馬が残されている（同写真下）。歓喜天より〝御聖天《ごしょうでん》〟さんとして親しまれている。〝御聖天〟さんのお姿は頭が〝象〟で体が人間である。しかも二頭（二人？）で抱き合っているので子供のできない人、夫婦和合の願いとして

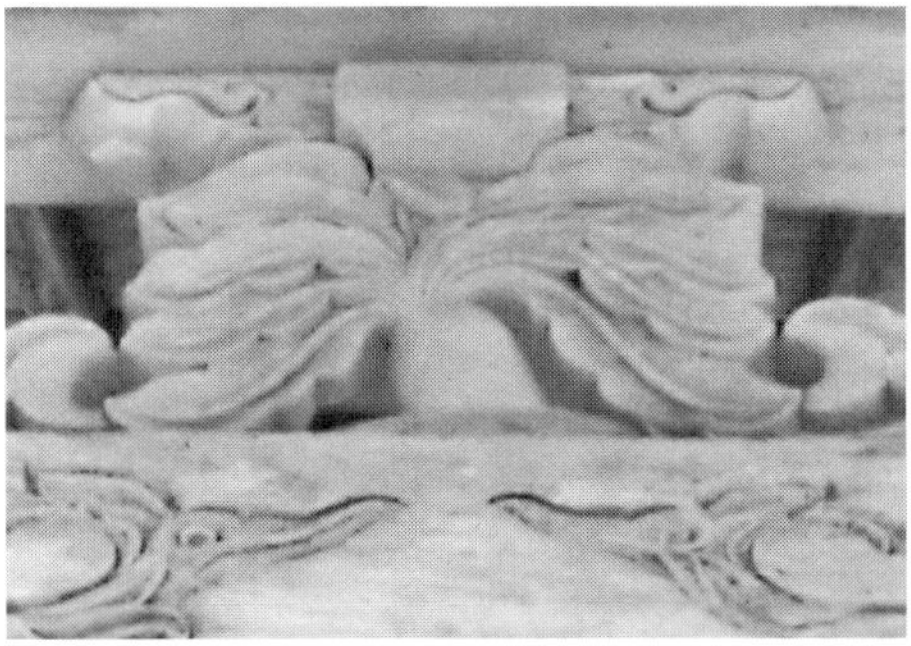

このお姿を拝みに来るという信仰が根付いている。大根は〝御聖天〟さんの象徴でもある。

菅江真澄は、文化八年（一八一一）の正月を男鹿宮沢の漁師の家で迎えた。二日はミタマ飯といって握り飯に箸をさし、それに蘿蔔《らふく》（大根）、滑藻《かっそう》（ノリ）などをとりそろえ、箕の中にならべ、梁高くささげてあったのを、その家の一族が集まってきて下ろし、仏前に供える。親神を祭るといって、毎日濁酒をつぎいれて我が親の亡き霊を招くのだという。この風習は今日ほとんど行われなくなっているが、現地の古老から大根を添えていたのは間違いない。この習俗に注目する井本英一は、ミタマ飯とともに祀られたダイコンの意義を次のように解している。

すなわち、年の変わり目にミタマの飯と共にダイコンが空から下りてくる。ダイコンは親神そのものの象徴とされているのである。ダイコンの精のおかげで人間は何とかやっていけた時代のなごりであろう。この民俗は信仰形態としてきわめて古い段階のものと考えられる。一種のトーテム（種族・氏族か特定の動植物＝トーテム＝を自己の種族・氏族に親縁関係があるものとして崇拝する）と考えてもよい。

日本人は死者の年忌をある年数で打ち切る習慣がある。故人はそれを境として死のけがれから清らかな神—祖霊とか先祖になるといわれている。その祖霊は山とか海にとどまり一定の時期になると子孫の家を訪れてくると信じられている。お盆は「みたままつり」の最大のものである。十三日の夕方、迎え火をたき、十六日の夕方に送り火をたいて送り精霊流しをやる。春秋の彼岸の先祖まつりはインド・中国になく日本だけであるといわれる。正月と盆の行事の間にはいろいろ似通ったものがみられる。正月の行事は年をへだてて盆と向かい合う先祖の「みたままつり」（平井直房・一九八〇）だったということは、ほぼ定説となっているが「たままつり」が正月行事の中にまぎれこんだもので、正月に迎えるのはトシ（米）神で祖霊は伴食である（大森志郎・一九八〇）との説もある。

【小正月】

一月十五日・十六日　〝オナゴの正月〟と言う。ケノコを食べる日でもある。ケノコは、サシドリ（イタドリ）、ゴボー、味噌豆、大根、アンプラ（ジャガイモ）、アゲッコ（油揚げ）を具にして、味噌を漉《こ》してつくったスマシ汁で、前の晩に大きな鍋で煮ておく。十五日朝は、オド（家の主人）がカマドの火を入れることになっていた。オナゴは、小皿二つにお粥とケノコを盛る。これを神棚、仏壇、カマド、井戸、ミンジャ（台所）、蔵、便所に上げておく。朝食後、これらを下ろしてきて後に暖めて食べる。このケノコは食べ終わるまでに一週間くらいかかったものだという。

正月十六日以降、山へ行った時には「ケノコ食べて来たから災難のないように」とか「正月のケノコ食って来たどー」と口で唱えながら歩くと怪我をしないという。また、神仏に上げたママは、いつまでも上げておくものでない。おけば神仏は「足が痛い」と言うから、ママ食ったら下げてくるものだという。

セド（セド祭り）　真山のセドはハイド（拝殿）の下でやっていた。薪は、地区共有林の中のトビ松（自生）を一カマくらい伐ってきて使われる。このセト火に径一尺、厚さ一寸くらいの丸餅をマッカ（叉状）になったゴマの木にのせて焼く。ゴマの木は三本使われる。セト火をつついて燃やす火箸も三本。

セドの最中、法螺貝の音と同時に、地区の主だち者は、大豆と小豆のハンジャクに塩を混ぜた物を拝んでいる人にまいた。これは鬼が三日にあばれて来るので、鬼のマナグ（眼）を見えなくして寄せつけない為にやるのだという。セド火で焼いた餅は、切って次の日、各家々に配って歩いた。その餅は出稼ぎに行く人が災難除けの為に、またセト場に張られたシメも災難除けとして取り合いとなった。

味噌あわせ　二月八日　味噌桶から味噌を取り出して臼やタライにあけてよくかき混ぜる。この日は真山地区の「一村寄り」（部落会）があった。

オカノ餅　二月九日（ジョウの餅ともいう）　この餅は正月の丸餅をとった他に、北浦では家の人数に合わせて作る。真山では、丸型ではなく小判型に作る。この餅をヨノゲ（米櫃）の中に入れておき、正月七日、神仏に上げた餅を下ろす時、オカノ餅も取り出して水にうるかす。寒さのきびしい時に取り出して、ワラで結び木の枝に下げておく。二月九日に下ろして表裏を焼き、神棚に上げてから食べる。この餅は、他人には絶対食べさせてはいけない餅と言われ、他人に食べさせた人はカマドを無くすと言われている。

天神祭り　三月二十五日は天神様の日で餅を搗く。「八太郎の家」に祭られていた天神様に書いた物を持ってお参りに行ったことがある。

仕事休み　四月八日　この日は山の仕事、田の仕事など何もかも休む日だ。この日稼ぐ者は、死んで生まれてくる時には、虫けらにも生まれかわれないと言われる。

春の中彼岸　昭和十二、三年頃まで、中彼岸に万体仏堂で〝百万遍〟が行われていた。参加するのは大人も子供も自由だった。百万遍の綱は太い横綱で、両端に縄をつけたものだった。これは青年団が作った。念仏を唱えながら右縄は右回り、左綱は左回りに回す。自分のところに横綱がくると、それを〝なづき（額）〟に当てて拝む。念仏が終わると村境に持っていって魔除けとして置かれる。その場所は上真山にあるモミの木とカシワの木を柱として吊しておく。下の方は〝耳ドッコ〟のあたりまで持っていって置いてきた。この二つの場所には「祈一百万遍村内安全祈祷」と書かれた板を建ててきた。

ショウブの日　五月五日　ヨモギ・ショウブを一本ずつ寝床の下に敷いて寝る。次の日これらを集めて干しておく。干したヨモギは正月二日、モグサにして丸めて小皿をひっくり返して小尻（口台）に乗せて火をつける。これを家族一人一人の頭の上にあげ「頭、や（病）まないようにしてけれ」とオドがやってくれたものだ。家の敷居などにもやっていた。他に、馬や牛の尾っぽ（尻尾）にもショウブ・ヨモギを結び、朝早く馬頭観音（大鳥居の西）へ拝みにいった。

〔登藤慶次郎（大正四年四月生）・細井繁春両氏談〕　五月五日は田植えはできない日。鎌・鍬も使ってはいけない。馬の尾っぽにショウブをつなぎ、御神酒・餅などを持って相染様に行って拝む。

初田植　小豆ママを炊く。これをキャバ（朴）の葉、又はサシドリ（イタドリ）の葉に包み、田の水口に供えて「いい作にしてけれ」と祈った。真山の場合、よく水不足の年があったが、それでも半夏生《はんげしょう》までかかって植えれば、なんでかんで（どうにかこうにか）作とれると言われたものである。田植えが終わると「五月飯」といって、寺へ酒とご馳走を持っていき先祖へ報告した。

田植え　赤ん坊をおぶって田植えをすると雨が降る。（畠山多吉談）

歯がため　「歯がため正月」といって正月の丸餅を棚から下ろして、朴の葉に包んでイロリのアク（灰）の中に入れておくとよく焼けて味もよい。

「歯固めのこと」

柳田国男監修の『民俗学辞典』（一九五一）では次のように書いている。「元日の朝や除夜に餅、干し柿、飴などを食べることをさしている。岩手県北部では六月一日、乾餅を食べる。福井県の一部でも、この日に炒り豆を食べることをそう呼んでいる。六月一日を氷の朔日、麦朔日といい、正月の餅を食べる習慣は全国的といえよう。歯固めの名は食物が固いものであったからで、人の健康にもそうした固い食物が役立つと考えられたのではあるまいか」と。

高橋徹・千田稔（一九九〇）によれば、「歯固め」は出雲の熊野大社の儀式の中に伝わっているという。すなわち「お火切り祭り」の神事がそれである。それは出雲大社から出向いた宮司が土器に載せられた二個の小石を出し、それを箸でつまんでガチガチと噛む奇妙な神事だという。この神事は、これまで「意味不明の古俗」とされてきたそうだが、福永光司（九州大学名誉教授・古代中国思想史）により「叩歯《こうし》」という不老長寿を祈願する道教の呪術で、『八素真経』をはじめとするいくつかの教典に基づいていると断案された。福永の慧眼《けいがん》に導かれながら高橋らは、正月の歯固め習俗を「健康の元だから、いつまでも丈夫でありたいと願う呪術」の根本思想は、獅子頭の歯をガクガクさせるのと共通した道教の呪術に起源しているとみる。

虫送り　七月、真山神社の祭日の前日、村中一同、歓喜天堂へ川柳の若枝を何本か束ねて持参し、ゴヘイを添えて神主から祈祷してもらう。それをいただいて、ゴヘイを細竹にはさみ、田の水口ごとに差しておく。畑には、夏にアンプラ（ジャガイモ）を収穫した後には大根を植えるが、これにも虫がつかないようにと、畑にも立てておく。

お山かけ　お山かけをやるために真山神社の大祭の前日から来て、五社堂に泊まっている人がいた。葬式など不幸があれば「スワリ」と言い、近親者は三年間登ることができないと言われる。登山者のための道払いは七月十日で「二つあい」という所まで草払いをする。昔は、真山地区だけでやっていたが、十数年前（平成四年現在）から西水口、安全寺、相川、真山の四地区で行っている。

墓はらい・井戸洗い　七月六日は墓はらい、七日は井戸洗い。それが終わると墓参りがある。

盆花　盆に墓に供えるアワバナ、ミソハギ（禊萩）は自由にとってもいいが、キキョウバナは七月十日以前にとってはいけない決まりであった。

八幡様の祭り　八月十五日は万体仏堂で八幡様の祭りがある。これは、約二十年くらい前（平成四年現在）から行うようになったものだ。

ジジョコ踊り（地蔵ッコ踊り）　盆踊りは八月二十日で終わるが、二十三日の一晩だけ、真山神社のカヤの木のまわりでジジョコ踊りというのをやった。その後、場所が変わり万体仏堂の前で行うようになった。太鼓が〝ダダダッコ〟と〝ダダツク〟の二通りであった。唄の文句は盆踊りと同じであった。

大根の年取り　十月十日は大根の年取りである。この日は絶対に畑へ行って大根を取ってはいけない。

行って大根を取ると悲鳴をあげる。その声を聞くと病気になるので、行くなと言われる。

キキツケ　十月十一日は「神がえりの日」である。キキツケといってカヤの棒ッコに団子を一つ付け、入り口、窓の上などに刺しておく。山に篭を持って稼いでいる人もこの日には帰ってくる。キキツケは家の人が全員揃ってから差すものである。主人が家に入らないうちは入口には差せない。家ではこの日、山餅を食べた。山餅は四月、十月の二回作って食べた。

デシコ　十一月二十三日　太子（デェシ）さんは子供が多く、短い箸で食べさせることができないので、カヤの長い棒で食べさせたそうだ。そこで太子さんにカヤの箸二膳あげて拝む。この日の前後には、荒れた天気になる日があって、これを〝デシコブキ〟と言った。デシコに使った箸は、二つに折って、春苗代の真中に差しておく。苗代の多くある家では、したがって余計箸をあげた。

ハタ神（機神）　十二月六日　ハタゴとも言って、この日は米と大豆の炒ったのを石臼で挽いたコーセンを食べる。

二　生　活

火種　イロリのホド（真中）に穴を掘って生木を入れてアク（灰）を盛っておくとよい。北浦の伊藤兼五郎店では、硫黄を塗ったトツゲ木（※）を売っていた。

トツケ木の正面と側面

※トツゲ木＝薄く割った短冊状の木片の先端には硫黄が塗布されて火が燃えやすくなっている。十枚一組にして藁《わら》で束ねている。長さ十三センチ、幅三センチ、厚さ〇・一センチ。

薬草　ドクダミは土用丑の日に採る。その他、オトギリ草(弟切草)は婦人病に効く。タラの木（楤ノ木）・ミソハギ（禊萩）の根を干して煎じて飲む。これは糖尿病の妙薬である。ミソハギはそうあるものでない。根こそぎ採ってしまえば消えてしまう。盆の墓花にも使われるので加減して採らなければいけない。福寿草の根は心臓病に効くとされるが、心臓を悪くしたA氏は根を煎じて飲んだところ、吐き気が起きて大変な目に遭った話がある。使用法を間違うと劇薬になる。

山菜　今ではほとんど採らない山菜の一つに〝モコノコシ〟というのがある。お山の谷地ケのある場所に一面生える。葉の広かないうちに採収する。アク抜きして塩に漬ける。汁の実にすると旨い。モコノコシの名前の由来は「婿でさえ食い残す」からだと言われる。

〝コメのコギ〟（ミツバウコギ）というものもある。花が咲かないうちに摘んでサンショと混ぜ、ゴマあえ、イガイ（ゆがく）たりして食べた。

〝ソデコ〟（シオデ）は山菜の王様だ。イガイ（ゆがく）たり、ゴマあえ、オシタシ（おひたし）にして食べる。甘味のある山菜である。
榧《カヤ》の実は、乾燥しておき、食う物が無い時にゴク（穀）の代わりに焼いて食べる。米一升に榧一升であった。又、寺のオーサン（住職）が拝みに来た時にお茶菓子の代わりに出したものである。

衣　祖母・チヨは家で機織りをやっていた。糸畑（麻を植える畑のこと）に麻を植え、刈り取って糸に紡ぎ反物幅に織っていた。それで麻モッペなどに仕立てていた。男鹿中にツギ（継ぎ）売りの人がいて、ボロ切れをたばねた物を売りに来た。それを買ってシボ（※裂織り）も織っていた。

※シボ＝〝シボ〟の材料となる木綿のボロを〝シボクサ〟と呼び「田ツ慶」の船などが北浦へ持って来て店で売っていた。写真のシボは、丈一一〇センチ、裄一一八センチ。袖は捩《もじり》袖。両腰の裾には一七センチ程の馬乗り（スリット）を入れている。明治末まで〝シボ〟は男鹿半島の人々（農民・漁民）の日常着であった。（賀茂青砂で採集）

シボ（背面）

生業　山での仕事は、山頭《やまがしら》、山子《やまご》、木落とし、かけっぱ（橇をかける人）、のりひき、雑夫と呼ばれる人々によって進められた。山小屋は、山神様の鳥居を上にいただき、中央に幅四尺ほどの土間を通し、その左右にそれぞれ幅七尺ほどの板を張るものであった。寝る位置は、鳥居に近い方から山頭、山子、木落としなどの順で、雑夫は一番尻であった。布団はスベ布団であった。土間の数ヶ所に火が焚かれていた。飯は山頭もちであり、朝起きると各自その火種を七輪に入れ汁やおかずを作るのが習慣であった。

沢の行き止まりを「カッチ」と言う。祓川《はらいかわ》のカッチは大崖になっていて、そこを「ゼンメタタラ」と呼んでいる。タタラとは、真山辺りでは石の積み重なっているところを指していう。

マッコウ（抹香）　仏様のマッコウはいい香りのするカツラの葉で作るが、この木はざらにあるものではない。そこで人のヌケガラがかかっているといわれる桑の葉、あるいは桜、ゴマ、アカシアの葉を使う。葉を採って一日乾燥させ、臼に入れて杵で搗く。コロシで何回も通して細い粉にする。それを毎日仏様にあげる。

【占い・呪術】

雨乞い　北浦日枝神社の雨乞い面は、大正八年四月の火事で焼けてしまった。焼ける前の雨乞いの仕方は、神主が雨乞いの面を被り、ハンギリ（タライに三脚のあるもの）の水をかき回しながら唱えごとをしていた。

大風　大風の吹く時は、竹の棒に鎌をつけて向けて立て、「ホイ、ホイ」と叫び風をボッ（追う）てやる。

雷除け　雷が降ってきたらマッコウをイブセという。そうすると仏様は桑の木の下に隠れ、雷が落ちないという。

火事除け　男の人が屋根に登って、棒の先に腰巻きをしばって振りながら叫ぶ。

豊凶　イロリに大豆を一二個（閏年は一三個）並べて焼く。その豆の焼け方で天候を判断した。

【死と葬儀】

アシナカ（足半）　葬式の時に墓場へ〝アシナカ〟（足半）を履いて行くが、帰り際にアシナカを脱ぎ捨てて素足で帰る。捨てたアシナカは縁起の良いものとされ、漁師は拾って漁に出ると大漁するといわれている。

晒木綿　葬式に使った晒木綿《さらし》は妊婦の腹に巻くと安産する。これに類する習俗として、脇本では相撲でもらった景品の白手拭を使うと力持ちになるとか、五里合では建前の時に用いた五色の布を腹に巻くと安産するというふうになる。

（湯本・湯ノ尻）

妻の喪服　夫が亡くなった時の妻の服装は、白モク（無垢）に黒帯でカツギを口にくわえて臨む。

ハレの晩　葬式の前日、おたい夜の日に三升五合の餅を搗く。小さい餅四四個、手の餅二個、足の餅二個、頭《こうべ》の餅一個を作り、赤い膳に小餅を並べる。次に手・足の餅を対称に置き、その上に頭の餅をのせる。この餅は余るように搗いておき、余った餅はさっと焼く真似をし、一升餅をひっくり返しその上に乗せて「ヒッパリ餅」として食べてもらう。普段、搗きたての餅は焼くものではないが、不祝儀の時は別である。

北浦の場合、鍋蓋を裏にして餅をのせ、その上に一升餅をひっくり返してあげ、回して食べてもらう。この餅は残してはいけない。なくなるまで回して食べてもらう。このしきたりは、宗門に関係なく行われる。

葬式を出した晩を「ハレの晩」という。死人が置かれた部屋には、霊（タマシ）が掃除に来るというので、箒を逆さに立てておく。だから箒は普段逆さに立てておくものではないという。逆さにしておくとタマシ（霊）が来る。葬式が出た後は、すぐ部屋を掃くものである。

北浦の各寺々には石段が多い。この石段を上る時には、おたい夜に作っておいた四九個の餅を肩越しに後ろを見ずに投げる。真山では四九個の餅は、全部寺におさめるという。

「ハレの晩」には「チカラゲ」を食べる。米と小豆を煮て粥にしたものである。小皿に二、三口くらい盛り、カヤの棒一本で左手で食べてもらう。

同年齢者の死　真山では自分と同年齢者が亡くなった場合、頭付きの魚一尾を焼いて食べる。その魚は残すものではないという。北浦ではその魚を買いに行く時、必ず橋を渡って行けといわれる。戸賀の塩戸でも橋の架かっている魚を買ってきてもらい食べる。

同歳者が死ねば、大小問わず頭つきの魚を食べるものだ。

（安全寺・安田シミ―八十七歳談）

魂呼ばい　十七、八歳くらいの若者が死ぬ時、まわりの者は屋根の上に上がって叫べば生き返るといっていたのを覚えている。
（安全寺生・塩戸住　畠山ミエ―七十六歳）

安全寺、ジッチャのイ（家）のY・Kが布団の中で首をしばって自殺した。その時、親がびっくりして屋根に上がって叫んでいた。十歳か十一歳のことだった。

（安全寺・安田シミ―八十七歳）


野村の渡部鋼一氏の弟が生まれた時のこと。母親は産がもとで身体が悪くなり死にそうになったので、男たちは屋根に上がり母の名前を叫んでいたそうだ。しかし母親は死んでしまった。

（鋼一氏が四歳の時、ババから聞かされた話）


野村の大淵家の娘が双子を産んで、産後スソ風邪をひき、それがもとで死んだ。死なれれば大変だと、母は箕を持って屋根に上がりあおいだそうだ。まわりの者は死んだもの生き返らねべと言っていたそうだ。

（大淵フヨ）

※人が息絶えんとしている時に屋根の上にあがってその人の名を呼び、あの世へ行こうとしている魂を呼び寄せる。このような習俗を民俗学では「魂呼ばい」と呼んでいる。地方によってはヨビカエシ、マスウチともいう。

二人目の死者と横槌　一軒の家で年に二人死んだ場合、三人目が出ないようにと葬式の日にダミ若勢

が横槌を作った。　　　　　　　　　　　　　　　　　　（湯ノ尻・檜山　久）
横槌を三人目の死人に見立てて川へ流す。（仁井山・某女、馬生目・鈴木専之助、安全寺・安田シミ）
※この他、横槌を流す例として、男鹿中―川へ、女川―河口へ、椿―海へ、門前―横槌に墨で顔を描いて海へ流すことが行われていたことを確認した。
※平成十四年五月末から同年六月にかけて、旧若美地区に於いての調査では、小深見―藁・紙で人形を作り川へ流す。渡部―墓所に横槌を埋める。松木―ダミ若勢が横槌を作り堰へ流す。福米沢―墓所に捨てる。野石―横槌でもコモ槌でもいいから川へ流す。

【結婚・出産】

結婚　昔、結婚には結納金なんてのはなかった。嫁入りの時に付き添ってくるゲジョババは、樽祝いが終わった晩は、襖を開けて夫の休んでいる床へ嫁を案内したものだ。嫁の里がえりは正月二日、盆の十四日、オド（夫）も一緒に行くが、供え餅二枚、酒一升持って行く。

難産
① 難産の時には、産婦の喉へ柄杓の柄を入れてやると無事にお産する。
② 屋根のグシに上がってサント（産人）の名前を呼ぶと生気付くという。湯本でも同じことをしたけれども、子供が生まれてサントが死んだ例があった。
③ お産の時、死ぬの生きるのという時、便所のグシに上がって「アバー、アバー」と叫ぶといいと

いうので叫んだ。髪引っ張ったり、口に水を含んでぶっかけたども死んでしまった。

（湯ノ尻・談話者失念）

三　伝説・伝承

親捨て　昔、昔のことです。親が五十歳になると、子供は山奥へ親を捨てに行く習わしがあったそうです。ところがある年、一人の息子が母親を捨てることができないと、縁の下にかくして朝・夕のごはんを食べさせていました。

ある時、村に難題が持ち込まれて、答えができないと村がつぶされるというのです。同じ大きさの馬が二頭連れられてきて、どちらが親でどっちが仔馬かというのです。村人は思案にくれてしまいました。その時、あの息子が親に相談しました。すると母親は、一番先に草を食べたのが親馬だと教えてくれました。母から聞いたとおり、草を最初に食ったのが親馬だと言って当てたので、村はつぶされなくてすみました。たくさんの褒美を貰うところでしたが、その息子は褒美の代わりに親を山に捨てなくてもいいようにしてくださいと言いました。それからというもの、親を山に捨てなくてよいことになったそうです。

昔、北浦では息子が老母を背負い山に捨てにいくならわしがあったそうです。ある時、母を背負い山の奥へ歩いていく途中、背中の母が道端に生えた木の枝を折りながら、ところどころに落とすので、不思議に思い、その訳を聞きました。すると母親は「お前が私を捨てて帰るとき、道を間違わないように目印にしているのだ」と言った。息子は子を思う親の心に目頭を押さえ、後ろ髪をひかれながら家に帰ってきたそうです。親捨て場には、盆の十四日には白い晒し布を上げて供養するそうです。この日は、薄気味悪く、誰も山へ青物（山菜）を採りには行かないそうです。西水口の奥に姥捨て山があると聞いたことがあるそうです。

（浅井富一郎氏談）

野村川上流の貝田沢から引いてきた水は、トンネルを通って一ノ目潟に注いでいます。このトンネルの出口から少し西の方に「親なげ沢」というのがあるそうです。

（野村・島宮栄三氏談）

舟留地蔵　北浦の八斗崎に昔の地蔵様がまつられていました。ところがこの地蔵様がいつも沖をゆく舟を留めるので、天神様の境内地へ移したのだそうです。この地蔵様は天神社の境内地左側にある延命地蔵の立像でしょう。寒風石製、高さ一〇三cm。明治十八年十一月建立されたもので、村中安全。願主として、斎藤有右衛門ほか六名の名前があります。

（武内和歌・小川常雄両氏談）

ジバサ（ホンダワラ）の話　昔、坂上田村丸がエゾ征伐にやってきた。畠にいたエゾたちは、家に火をつけ舟で逃げてしまった。田村たちは、エゾの家に何かかんか食う物あるべと思って来たが、焼けて何もなかった。家来も馬も皆、疲れて腹をすかしていた。その時〝長手〟という所に海草が打ち上げられていた。海の草は馬が食わぬものであったが、その時海草を食ったそうだ。それを見た田村は馬が食う物、人が食えぬわけはないと言って食べた。それからこの海草を人馬草《じんば》というのである。長手には今も馬の蹄の跡が残っている。

山の神　山の神様はオナゴと言われている。そのため、オナゴのノロケ話は山ではしゃべってはいけない。しゃべると山の神が邪険をおこすという。又、山へ入る者にお産・御祝儀がある時は、人に言わないで三日間入ることはできない。山仕事（伐採）のために入るとまず、切り株を社の代わりに、そこへ御幣を立てる。その前に高さ八尺、幅五尺くらいの鳥居を設け、ローソクを灯し、御神酒をあげて拝む。大きな仕事の時は、神主から来てもらってやるが、普通、山頭《やまがしら》が中心になって行う。御神酒は毎朝あげる。

便所の神様　菅江真澄が泊まったと言われている、上真山の関金七家の便所の隅にゴヘ（御幣）と剣を持ったジンジョ（地蔵）が置かれていた。便所の神様は、お不動様だといわれる。昔はケッツ（尻）拭く時にはシ（ス）ベを使ったが、使ったスベを便壺に落とすと、お不動様が口でくわえて上にあげてくるので下に落とさずに箱の中に入れておき、後からコズ（ジ）ケ（肥塚）に投げる（捨てる）ものだった。

便所を埋めて、そこへ別の建物を建てる時には、ただ埋めては罰が当たる。神様のいたところだからお祓いをしてから埋めるものだという。野村では、便所に行きたいというのを「ジョウジ心ある」という。便所は「ジョウジどこ」である。真山では「センチ」といったそうだ。センチは「雪隠《せっちん》」

の意であろうか。又、尻を拭く落とし紙には、八郎潟でとれるモク、ブダ（古布）、スベなどを用い、傍らの箱にためてコズケ（肥塚）へ捨てた。岩手（南部）では、コッパケツといって近年まで薄い木片で尻を拭くところがあちこちにあった。便所の掃除をよくやれば、いい子が生まれる。また、便所をきれいにすれば安産する。だから女は便所の掃除をおこたるものではないともいわれる。その訳は、便所にお産の神様がいるからだろうか。その神様は手のない神様で、口でくわえてかたづける。

真山の薬師さん　お山の薬師さんは、ウドの神様だと父親の忠助（平成元年・九十二歳没）がよく言っていた。若い時、薬師堂に行ったら長いウドが供えられていた。薬師様は目の神様だそうだ。大正頃まで、目の悪い人がお堂にこもって直った人がいた。旧四月八日が過ぎぬうちはウドは掘ってはいけないと言われる。「八日すぎねになにウドとってきたてが」という言葉もあるくらいだ。特に神社境内のウドはとるものでないし、食べるものではないと言われていた。また四月八日から昼寝をしてもいいということであった。

※薬師様がウドの神様であるという言い伝えは、男鹿真山の祭神を考えるに大事な意味を含んでいると思われる。

『九百九十九の石段』伝説をめぐって　去る十月三十日（一九九七年）、市から「門前にある九百九十九の石段は地元の住職が考えて広めた話だ、というが本当だろうか」との電話があった。「何故、今頃そんな話が」というと、朝日新聞の秋田版にそのように書いてあるというのである。二日おいて今度は男鹿市観光協会から同様の質問を受けた。新聞の見出しには『ふるさと自慢』・「男鹿市、なまはげが積んだ石段」とあり、「石段が九百九十九段というのは、四十年以上前に私が考えたもの。男鹿の伝説を広めるために、あちこちでこの話をしてきました、と打ち明ける」と書かれている。一瞬なるほどと思った。九月九日夜、門前五社堂で千の石段を積みえなかった「なまはげ」の鬱憤《うっぷん》ばらしが、観光イベントとして行われたのを思いだしたからである。九百九十九の話は、弁慶が千振りの刀を持ちたいと願い九百九十九振りを得、あと一振りというところで牛若丸と五条の橋の上で出会って負ける、それと似て非なるものかもしれない。

筆者は昔話や伝説を究めようとしている民俗研究者ではない。男鹿という半島はどういう風土的性格をもつところなのか。それを総合的に理解したいと努めている一人にすぎない。したがって「九百九十九段」の話が、どれだけ学問的価値があるのかはしらない。けれども、「四十数年前に考えて広めたものだ」ということに対しては即座に「そうであったか」というわけにはいかないので、ここに心覚えの意味で書いておきたい。

結論を先にいう。「四十数年前に自分が考えて云々」というのは、坂本師の勘違い、錯覚だろうと思う。「自分が考えて」というのは「古くからの伝えによると云々」というべきところを、言葉のはずみで「自分が」と言ってしまったのでないかと推測する。よくあることだ。自分が信ずるある説をくり返し話していると、いつの間にかそれが、あたかも自分の説であるかの如き錯覚という次元に陥る。それであろうと。

それにしても活字の及ぼす影響は大きい。坂本説に反論するため四十数年以前の書物や報告書に九百九十九段と書いたものはないかとしばしば聞かれる。活字にないものは信じられないといわんばかりで一種の迷信にとりつかれているのでないかとさえ思える。それは書いたものがあるにこしたことはない。しかし、よしんばそれがなくとも差し支えないというのが私見である。活字もさることながら、土地の古老に聞いてみるのが最も確実であるということだ。

古老の記憶や体験はほとんど活字になることはない。だが活字以上に豊富かつ貴重な内容をもっていることは、近年、各地の民俗調査が教えるところである。道でいきあった古老に聞いてみよ。九百九十九段の話は幼いときから耳にたこがよるほど聞かされてきた話だと、異口同音にいうはずである。古老の体験、記憶などあてになるものでないなどと生意気なことをいうなかれ。坂本師が考えて世間にひろめたのだという人がいるならば、その人に語ってもらいたいものだ。そういう人はおらないはずである。ちなみに門前地区では鶏は飼わないという風習がある。もっとも数年前に鱒の釣針の羽に用いるため飼育した家が二、三軒あったというが、間もなくやめたそうだ。天邪鬼が鶏の鳴き声の真似したために、千段を果たせなかった故事によるという。

ところで「九百九十九」の石段と書いた古い文献であるが、いまのところ寡聞《かぶん》にしてしらない。ただ瀬川拓男・松谷みよ子共著『秋田の民話』（未来社・昭和三十三年）へ吉田三郎の『男鹿風土誌』（秋田文化出版社・昭和三十九年）には書かれてある。するとこの二つの書物は坂本師の話を聞いて書いたのだろうか。もしそうであればこの道の専門家である三氏のこと、九百九十九段は坂本師の創作に基づくものと記したであろう。いや、坂本師の発想、創作とわかればその話はのせなかったはずである。創作は伝説ではないからである。もしそれをのせたとすれば、著者の見識が疑われ、面目まるつぶれになるのである。九百九十九段の話が前記の書物に採録されているのは最近のつくり話でないことを物語っているのである。

この九百九十九段という伝説はなにも男鹿独特の話ではない。全国的にある話なのである。九十九《つくも》谷《だに》伝説と称されるのがそれである。

神は鬼に次のような約束をする。夜が明けないうちに百ないしは千の谷とか塚とか石段とかをつくれ。成功すれば人を食ってもいい。山に住んでもよいとかいわれる。鬼はそれを信じて精を出す。そして九十九、または九百九十九までできた。あと一つで百、千というところを神がにわとりの鳴き声を真似、鬼を撃退するという話である。門前の場合、鬼は癇癪をおこして杉の木を引き抜き逆さに立てたという。逆さ杉がそれであるという。百、千などという数は絶対的数で、神や仏にしかできない。人間はもちろん鬼どもは、努力したところで精々九十九か九百九十九しか成就できないのだという意にもとれる。

男鹿では巷間、門前の九十九谷伝説が有名だが、実は真山側にもあるのである。このことはあまりしられていない模様なのでこの際、紹介しておく。真山では九十九段である。高木敏雄編『日本伝説集』（郷土研究社、大正二年刊）に収録されている。九十九伝説・第三・イ「男鹿神山」の報告者は秋田市楢山南新町真崎芳男氏である。

羽後国男鹿半島に、神山《（ママ）》、本山といふ二つの山がある。どちらも、峻《けわ》しく容易に登れないが、不思議なことに、神山の方には、昔から九十九の石段が出来ている。素晴らしい大きい石段で、迚《とて》も人間業とは思へぬ位の工事である。昔、神山の奥深くに、一匹の鬼が棲んでゐて、毎年々々、近くの村に現れて、田畑を荒すので、村の者は困り果て、鬼に向って一の難題を持出した。其難題といふのは、鬼は一晩のうちに、百の石段を神山に築上げることで、若しそれが出来なかったら、此から後は、決して村へ出て来てはならぬ、其代り、若し百の石段が出来たら、此から後は、毎年人間を一人づゝ鬼に食はせる、と云ふ約束であった。鬼は此約束を承知して、或夜、石段を築きだした。何しろ、一生懸命である。見るうちに、工事が捗《はかど》って、九十九の石段が見事出来上った。ところが、今一段と云ふところに成って、一番鶏が啼いて、東雲の空が明るく成った。鬼は驚いて、姿を晦《くらま》した。その翌日、村の者が行って見ると、九十九の石段が見事に出来てゐた。

鬼は約束を守って、其後は最《も》う田畑を荒すやうな事が無くなったので、村には豊年が打続く、田畑は肥える、百姓は豊かに成る。これも全く、悪を捨てゝ善に就いた鬼のお蔭だといふので、村の者は、山の上に、一つの小さい祠を立てゝ、鬼を祀ることにした。だから、神山と云ふのである。

今でも、参詣者が絶えない。但し、神の正体は鬼であるから、不浄な女は、三段より上に、此石段を上ってはならぬ。上ったが最後、身体は忽ち石に化る。だから、今以て女は三段までしか上らない。

祭礼の当日には、村の者は身を清め、供の餅を持って石段を上る。しかし、祠に餅を供へたら、直に逃げるやうにして、石段を下るのである。神は此日に、鬼の正体を現して、その餅を食ふからださうで、土地の者は、今だにそれを堅く信じてゐる。(原文のまま)

平成九年十一月六日現在、この話は真山の太田忠之進氏(七十六歳)の場合、次のように伝承されている。

真山の山へいくには石段ねば登られね。そこで村人は鬼に一番鶏が鳴くまで百段の石段築けば、村の娘っこ一人だしてもいい。どうだやってみれと持ちかけた。鬼はよしといってその仕事を引き受けた。石は寒風山から運んできた。いっぺんに運ばれねくて途中まんなか辺で一足ついた。そこはちょうど牧野のあたりだそうだ。「鬼のタッコ」と呼ばれているところだ。鬼はどんどん石段をついていった。それをみていた神様はどでんした。娘ッコやらねばならね、大変だ。そこで神様は鶏の真似してコケコッコーと鳴いた。鬼はそれを聞いて情けねー。もう一段なのにといいながら真山、本山をかけて門前の赤神さんの方へ行ってしまった。あまり残念でたまらず神社の横にはえている杉を根ッコまま抜いて逆さにたてたとや。真山では鬼負けたため鶏扱ってならねなだとや（扱う＝飼うこと）。

話は大分変形、付加されているようである。くわしいことは専門家に任せるとして、ともかく古来、門前側には九百九十九段、真山側には九十九段の石段伝説が伝えられてきていたのは明らかである。現在、門前、真山両方の石段は整備され、原初の面影は薄らいでいるとはいえ、なお九百九十九、九十九にふさわしい歴史的景観を保持しているは周知のとおりである。

九百九十九段伝説の記事は男鹿ですくなからぬ反響をよんだようである。新聞にはこのようにも書かれてある。「伝説というものは、一つの史実に後世の人が多くの脚色を加えて作られていくものなのかも、などと考えながら石段を上ってみた」。記者の眼力、さすがというべきで脱帽する。

蛇足ながら九十九伝説のある南磯門前と北磯真山の宗教史を狩野徳蔵先生の『秋田男鹿名勝誌上』（明治十七年）によって要約すればおおよそ次のようである。

(1) 門前は赤神山天台宗日積寺永禅院を中心に繁栄してきた。五社堂は日吉山王上七社を模したものといわれ、また日吉山延命寺無量寿院と称し下七社に擬したとされる。二十九代頼叶のとき古義真言宗に改宗し高野山竜光院末に属した。日積寺の末寺として長楽寺、吉祥院、自寂院、仙寿院、印象院、円月院、照光院、泉光院、正覚院等があった。現在残っているのは長楽寺（門前）と吉祥院（椿）の二か寺である。永禅院の別当は復飾して神官本山氏（元山で本山は狩野氏の誤り）となり、仏教的な遺品の多くが長楽寺に移ったのである。

(2) 真山側は天台宗遍照院光飯寺を中心として栄え、社堂若干、寺坊十余があった。源実朝の代に山王二十一社を建立したと伝える。寛元二年（一二四四）、北条時頼が当山に詣で霊場の荒廃せるを痛み、堂社、寺坊を修理したという。文禄二年（一五九三）実誉のときに高野山竜光院に属して古義真言宗となった。この実誉をもって第一世とし、江戸時代は佐竹氏の祈願寺として存在したのは日積寺と同様である。

男鹿三山について　私たちの学校（男鹿市立鹿山小学校）の校名『鹿山』は、幕末勤皇の志士頼《らい》三樹三郎（頼山陽の子息）が、潟向かいの三倉鼻にのぼり男鹿半島をながめながらつくった漢詩の冒頭の語句をとったものと考えられます。詩は「鹿山、水に糊して遠く模糊たり」云々という文句です。三倉鼻に立って西の方をみれば、男鹿山が八郎潟の水面にはりついたようにみえる、といった意味でしょうか。ここで「男鹿山」というのは、一番手前にみえる寒風山—当時は妻恋山といったかもしれない—その奥にある真山、本山を指したものと思われます。この男鹿山を、いつのころからか定かでありませんが、人々は「男鹿三山」とよびならわしてきたようであります。

その男鹿三山を最近は本山、真山、毛無山を合わせて三山という呼び方をする風潮がみられるようです。これに対し、石川正雄先生から『男鹿三山について』という原稿が寄せられていますので、ここに紹介することにします。

男鹿三山について

入道崎　石川　正雄

男鹿三山といえば、昔から男鹿の人々は真山、本山、寒風山を総称しての名称であり、この三つの山がよくみえるので「三山仰ぎ見るところ」と校歌にとりいれている小学校もある。三山登山と称して六年生になれば寒風山へ、高等科の生徒になれば真山、本山へ遠足するを例とした学校もあった。

ところが近年、真山、本山、それにつらなる毛無山を加えて男鹿三山という称え方が、新聞や観光パンフレットなどに書かれているのが目につくので、私は実に気掛かりになっている一人である。

地図には毛無山と記入されているし「真山、本山、毛無山の三山は……」ということはできるだろうが、それに男鹿の二字をつけると、昔から男鹿の人々のいう、また記録などにも出ている「男鹿三山」と紛らわしくなるのでこれは旨くない称《とな》え方といわざるを得ない。事実、真山、本山に近い集落に住む人々は、毛無山は山といっても、あれは本山の続きであり、通り道であって、大昔から毛無山も併せて本山として隣りの真山とともに信仰の山、神の山として崇めまつり今日に至っている。真山には仁王門、神社、薬師堂、万体佛、カヤの大樹があり、本山の方には五社堂、長楽寺、九百九十九の石段などが現存している。寒風山も昔から信仰の山で頂上に薬師如来がまつられ、菅江真澄の日記にも描かれ、頂上周辺は今も薬師長根と呼ばれている。また昭和五年に「誓いの御柱」が、男鹿の人々の道標して建立され、毎年九月二十三日には記念祭が行われている。

寒風山は素晴らしい眺望故に、男鹿観光ルートの重要地点の一つで、座して四囲を眺められる回転展望台が建てられている。それ故、男鹿三山といえば真山、本山、寒風山を称するのが至当であり、男鹿の三名山という意味を現わす名称として伝称すべきであると思う。

私と同様、「男鹿三山」を気をかけているのは小玉昌友氏である。氏はさる筋へ「毛無山を加えて男鹿三山の記事があるが寒風山を加えるべきでないか」と手紙をだしたところ、男鹿三山については「市内でも寒風山を含めていうのと毛無山をいれて呼ぶ二つの説がある。後者はお山かけなど信仰の山としてとらえた場合用いている。いずれにしても、どちらが誤りというわけではなく両説を正説としているようです。」云々の返事だったという。

これについて私あて小玉氏からの書信には、信仰の山として毛無山をとらえたとあるが、終戦後まで毛無山を信仰の山として意識した人はいなかったと思いますが、どうでしょうか。寒風山も古来れっきとした信仰の対象の山々。真澄は山頂に九重の石塔が建っている図を書いている。毛無山を信仰上から山と呼ぶというのは素直に受け入れられないことである。明治四十二年刊行の山方香峰氏の「男鹿島名勝図絵」の中に「本山は真山、寒風山の二山と共に男鹿三山の一つなり。遠望すれば……」という記録もあり、さらに確認したところだ、というものであった。

男鹿三山について真山に生まれた菅原市長と十月末日、話をする機会があった。市長は「男鹿三山は真山、本山、寒風山の三つの山を指す名称として統一されるから心配ない」といい、教育委員会でも研究している、ともいわれた。後日、教育委員会の泉次長が、男鹿三山は真山、本山、寒風山の三つの山を指す名称であるという文献をいくつも調べており、毛無山を加えた男鹿三山は古くからの呼称でないことがはっきりしたと、その資料を見せてくれたので一安堵した次第である。しかし、市で発行した、ふるさとガイドブック『そよ風と共に』に書かれてあった真山、本山、寒風山の男鹿三山が平成三年に改版し、寒風山に代わって毛無山を入れて男鹿三山としたのは如何なるわけか尋ねたが、その点はよくおわかりでなかった。

私のしるかぎりでは昭和五十五年、知人で能代市在住の植物研究家工藤茂美氏が『男鹿半島の花』を出版したが、その本の中に「男鹿三山」の見出しをつけ「毛無山、本山、真山を男鹿三山という」とはっきり書かれている。当時これを見て私はとんでもないと、早速言ってやろうと思ったが、長年にわたり難儀して男鹿の植物を研究、出版してくれたのにクレームをつけるのはうまくないと躊躇《ちゅうちょ》したのである。おそらく、この本を根拠として毛無山を入れた男鹿三山が広がってきたのでないかと愚考する。

いずれにせよ最初にのべたように「男鹿三山」とは、真山、本山、寒風山を合わせた呼称であることを再確認したいものである。

(平成三年・文化の日・記)

石川先生の文に触発され、私なりにちょっと調べた結果を書いてみます。順不同ですが昭和五年刊

『男鹿半島』(石井興太郎)では「男鹿三山とは寒風山及び真山、本山を称し、寒風山は風光明媚にしてその名あり」(七四頁)。大正十三年刊『十和田、田沢湖、男鹿半島案内』(鉄道省)は「半島の三山」の項を設け、寒風山は一名妻恋山とも呼び云々とのべ、本山真山を含めています(八二〜八六頁)。意識して探せば、まだいくつかは確認できるのではないかと思われます。

ついでに「毛無山」なる山名について紹介しておきましょう。毛無山とは「毛」のない、すなわち坊主山だったからそのように命名されたのだろうと思っていました。ところがどうもそうではなさそうなのです。今は杉の大木も伐り尽くされて坊主のようになっていますが、昔むかしはうっそうとした山であったようです。そういう山を「毛無山」と呼んだのは、実は和人でなく、アイヌ系の人々であったかもしれないです。

四方言

わが北浦の研究　—男鹿市立鹿山小学校・夏休みの発表から—

平成三年(一九九一)九月上旬、低・中・高学年に分かれ、総勢四八名の児童が、この夏休みに研究してきたことを発表する会がもたれました。ほとんど理科・社会に関する多彩な内容で、その子供も一生懸命に取り組んできた様子がうかがわれ感心させられました。発表者と発表題は、学級だより「波路」十二号に紹介されていますが、「北浦の歴史」郷土北浦に関する発表のうちいくつかを掲載していきたいと思います。

「おらほの言葉」

四年松組　本川　惣

本川君は家のおじいさん、おとうさんから北浦で使っている方言を聞いたり、本で調べたりしたものを発表しました。これを一覧にして掲げます（次頁）。他にこんな珍しい方言もあるとお気付きの方がいらしたら教えてください。

九月二十日、北浦四区の浅井富一郎さん（七十七）が学校を訪ねてこられたので、本川君の「おらほの言葉」をお見せしました。浅井さんも北浦の方言に関心を持ちメモをとっておられたので、それをお借りし本川君の調べになる言葉を抜き掲げることにします。

おたまじゃくし ― ゲロゲロ　ぶよ ― ブドガ　毒のないヘビ ― ナブサ
いたずらする ― 子コマゼネ子　毛糸の被り物 ― ガンドシャップ　寒い風 ― ヘボ風
もの足りない・さびしい ― アワゲネ(例：アワゲネク死んでしまった=さびしく死んだ)
金ダライ ― チョズダレ　落第生 ― ラクのカワハギ
仲間はずれにする ― ブッパジョにする　文句をいう人 ― ヨゴデモノ
なんとか飯を食っていける家 ― ヨイグチにあまる
「昔、学校へ通う時の服装は、寒い時はドンブグ、夏はハダコだった。金持ちの家の子がカスリを

共通語	北浦の言葉
◎生物の呼び名	
とんぼ	ダンブリ
てんとう虫	タベド
かえる	ゲロビッキ
ばった	トラボ
毛虫	ゲガムシ
セミ	メンメ
あぶ	トシベ
かまきり	フエドリ
おたまじゃくし	ウロゴミ
鮭	ヨ
皮はぎ	カグリ
そい	メンジョ
おこぜ	オグ
◎人の呼び方	
母・妻	アバ
父親	テデ
じいさん	ジッコ
赤ん坊	ビッキ

共通語	北浦の言葉
次男	オンチャ
姉さん	アジャ
末の子供	バッチ
◎物の呼び名	
ズック	タンケリ
長くつ	ナガケリ
ほうき	ハギ
テーブル	ハンデ
ねぎ	ネブカ
じゃがいも	アンプラ
つらら	タロンペ
道路	ケド
灰	アグ
後頭部	ボンノゴ
鼻筋	オナゲ
まゆげ	コノゲ
太もも	ヨロタ
頭がおかしい	ソラグ
悪口	アグデ

共通語	北浦の言葉
急に	オンドガ
やめる	サラグ
はずかしい	ショシ
ながし	ミンジャ
病気	ヤメ
じゃんけん	ケンコ
たくさん	ジッパリ
すわる	ネマル
なまけもの	カラポヤミ
食事のしたく	ママカシギ
ふんばる	ネコバル
物が反対	カチャマ
気持ち悪い	ウダデ

着てくると、友達はそれに手をあてアッ、アッといったものだ。子供の遊びにズグリというコマに似た遊び道具があった。新道の畠山商店の向かいにキズフクという家があり、そこでズグリやコマを売っていた。ズグリにアンジョ糸（編み糸）を巻いて投げてやると回るので、ぶっつけばっこをやったものだ」と浅井さんの回顧録です。

その後、方言のことが職員室の話題になりました。その中からいくつかを紹介します。

きん蝿 ― ブブベ　まな板 ― ヒバ　かぼちゃ ― ドフラ　とうもろこし ― キミ
すこし足りない人 ― 八分・八文　うそを言う ― バスマケル　肩ぐるま ― 首のり
あさっての翌日 ― サラヤナサッテ　凍傷 ― ユキヤゲ　かじか ― バコ
かけす ― ダケ　黒いヘビ ― カラスヘビ

言葉は時代とともに変わってきますが、今のうちに北浦で使われている方言を記録に残しておきたいものです。こんな方言もあったという情報をいただければ、「北浦の歴史」に紹介していきたいと思います。

五　民　謡

北浦公民館で、平成二年十二月七日から平成三年二月二十八日まで、六回にわたり「北浦の歴史」について駄弁をろうしている間に、浅井千代蔵氏の母親フツエさん（明治三十一年二月五日生）とお会いする機会がありました。いろいろお話を聞いているうちに、浅井ばあさんが昔、さかんに唄ったことのある唄の文句を披露してくれました。九十歳を越したお年寄りとはとても信じられない、記憶のしっかりした方で、私はただただ舌を巻くばかりでした。昔の唄には、全く無知蒙昧ですが、おばあさんから聞いた唄の文句を、そのまま聞き捨てるのは余りにもったいない気がして紹介することにしました。ここに載せるに当たっては、昭和六十三年、秋田県教育委員会で調査した「秋田の民謡」からも引用しました。

1　船のおろし唄

船に乗りたい　この（家）の船に　末は万両の金わける
若エビス　波の中から顔をふりあげ　鯛をだきしめ笑い顔
船のヤグラに女がみえる　ゆざり女か船玉さん
千両万両の金より心　金に心は買われぬ

2　家わたり唄

① 床の間のかけた掛図は七福神
② この家（やかたともいう）はなぞや大工の建てたやら　家の隅から金が沸く
③ 床の間の梅の花みて気を利かんせ　根がきれても水が通えば花が咲く
④ 臼立てて来ない十七まつるより　庭のおじおばたので（頼んで）ふけ（挽け）
⑤ さらさらと流れ小川の下見れば　石も真砂もみな黄金

3　披露宴の唄

①　扇のごとくに末広く　柳のごとくにごよ長く　この末はんじょに暮らしましょ
②　あんちゃとあねちゃはこの家の柱（おらいの柱ともいう）　石の土台のくさるまで
③　おまえ好ぎだぞて親なげられね　金で買われぬ親じゃもの
④　ハアー　結んでくなんせ仲人さんよ　一生末代とけぬよに
⑤　一に嫁とて（り）　二に孫もうけ　三に蔵建て宝積む
⑥　正月は門に門松祝いの松　かかる白雲みな黄金

4　臼ひき唄

①　あらやしき　笛でならして　井戸掘ってみれば　水が出ないで金が沸く
②　四十二の歳　掘り上げて　八十八まで枕金　孫ひこやしゃごさゆずる金

5　どんづき唄

ヨーイヨーイ　ヨイヨイヨイ　アレラン　コレラン　ヨーイトナ
①　浜のまの（さ）ご石　尽きえても　アライヤサカサッサ　古仲・斎藤ノー　金尽きね
ヨーイヨーイ　ヨイヨイヨイ　アレラン　コレラン　ヨーイトナ
②　土方頼んで　地面をならす　アライヤサカサッサ　大工頼んで　蔵建てる
ヨーイヨーイ　ヨイヨイヨイ　アレラン　コレラン　ヨーイトナ

③　ここの親方えびすで　かがあ大黒だ　アライヤサカサッサ　あたりのお客さんノー　福の神

6　盆踊り唄　――ダダダッコ

①　夜べな　夜這ぇに行って　やぐらから落ぢた　明かし提灯で送られたヨー
②　今晩月の夜だ　出はれでゃおサダ　おじさんきびしくて　出はられぬ
③　来たりこねだり　夏堰の水　どうせ来ねだら　こねばよい

盆踊り唄　――ダゴジゴ

①　姉ちゃソラソラ空の星みねが　空には何もない　星ばかりーヤ
　星ばかり　ヨイトコリャ　オソデコエー
②　姉コ晩げ行く寝間はどこだー　東表のー　窓の下
　窓の下　ヨイトコリャ　オソデコエー

7　大黒舞

　大黒舞はみさいな　大黒舞はみさいな
東西な東西な　大黒舞ともはやされて　出はらねもならね
大黒さんという人は　こういう風に構えて　一に俵を踏んまえて
二にニッコリ笑って　三に盃手に持って　四つは世並みをよいように
五つは泉の湧くように　六つは無病息災に　七つは何事ないように

八つは屋根を平らに　九つお蔵を建てて　十って納めた米は　大黒さんの
お蔵に山のように積み上げた　大黒舞は見さいな

8　さのさ節

①　新道通いは油断はならぬ　よくない狐のいるそうだ　おれも二、三度だまされた　サノサッサ
②　親の意見とナスビの花は　ただの一つも無駄がない

9　チョイナ節

北浦桟橋から沖眺めれば　ドッコイショ　ハタハタ大漁のー　コリャ　旗あがたね
チョイナ　チョイナ

10　剣囃子

ドロンコチレレーレ　おかさんヤーレ　信田の土産に　何もらた
大グシ　こうがい　大福　ねんぶか　かりほのこんご　キリキリ回し

11　タンス担ぎ唄

①　蝶よ花よと育てた娘　今度あなたにくれていく
②　蝶よ花よと育てた娘　蝶よ花に育てておく

※　嫁入りに持ってきたタンスは、その日はアゲシモトに置いておく。次の日担いできた棒は折る。戻ることは許されないことを意味していると言います。
　この習俗は男鹿中浜間口でも聞いています。

登藤喜一―明治三十八年五月生　登藤さんは六歳の時、父母と一緒に釧路に行き大正三年根室に移り、その後、歯舞諸島で昆布・ホタテ採取に従事していました。以下は登藤さんから聞いた唄の文句です。

1　ニシン場くどき

一で正月　ヤドイコ売ったけ　　二で二月山坂ぼわれ
三で味噌汁　夢さらみせず　　四つ夜昼　寝せねで使う
五つ　一番仕事がこわい（きつい）　　六つ　むやみに網さしなさる
七つ　七日の沖あげなさる　　八つ　山ほど　クキたるニシン
九つ　このニシン　細かにさかす　　十でとけるような　三平汁か（喰）せで　ハアー
十一　朝から冷飯かせて　　十二　昼寝っこさらりとないし
十三　さだめて九一（くいち）の金コ　　十四　四ぶ六みなおとされて　ハアー
十五　五月の暇あけ頃に　　十六　ロクだ九一もけねで（くれない）
十七　しくじし嘉左衛門やとい　　十八　はじめてこのヤに来たけ
十九　くやしいヤトイの身分　　二十　二度とはこの家こない

2　江差追分

（前節）　鳥も留まらぬ　枯木の枝に　ヤンサエノー　主の情に花が咲く
　　花が咲いても　実のなるまでは　どうせ私も一苦労
（本唄）　忍路（オショロ）高島及びもないが　せめて歌寿都（ウタスツ）磯谷まで
（送唄）　主は奥場所　わしゃ中場所　分かれ分かれの風が吹く

六　童唄――遊び唄

〽上（かみ）から上からベゴッコ三匹なんだ。城山くずして堂建てた。

堂の前さ花植えた。その花、何花だ。菊のような花だ。

一本盗んでふっかづけ、二本盗んで腰さして、三本目にゃ日暮れた。

どこの家さ泊まる。ババの家さ泊まるが、ジッチャの家さ泊まるが。

バンバ家さ泊まる。朝間に起ぎて見たれば、結構な空だ。

足駄はいで、ツボ（杖）ひっぱって、黄金の盃手にもって、
テテコに一杯ンニャンニャ、アバコに一杯ンニャンニャ、ンニャンニャの盃。

コップクレの娘ッコ、カマの前にハランダ。その子どご何とつける。八幡太郎とつけた。

八幡太郎、八幡太郎、馬何匹つなんだ。どの馬いい馬だ。中の馬いい馬だ。

油さして、クラおいて、どこまで送っていた。カマ山まで送っていた。

カマ山のネズミ恐しい。ネズミ、ネズミ、仏の油、服の袖。

市町（いちまち）さ行ったば犬にゲン、吠えられて、猫にガリンとかじられて、
いででゃギュー、ギュー離せでゃギュー、ギュー。これがらタラ（俵）も叺《カマス》もかじらね。
下駄も橋も渡らね。御免してけれでゃ、ネコンド、ネコンド。

〽一つふっけた福の餅　二つ夫婦のフタゴ餅　三つ味噌つけタンポ餅
四つよごれた小豆餅　五つ医者ドの薬餅　六つ娘の飾り餅
七つ七草雑の（雑煮？）餅　八つ屋敷の飾り餅　九つ米屋のコザキ餅
十はジッコのセンキ餅

〽テンテン寺のコンコン・コゾッコ。　アクビ（アケビ）の空《カラ》コ見つけた。
ジェンコだと思って跳んだりはねたり、衣《ころも》のソデ（袖）コブッチャゲた。
姉コ姉コ、ココ縫ってけれでゃ。今日は餅つき、明日は嫁とり。
あさってこいでや　コーゾッコ、コーゾッコ。

〽シンチャなして小屋建てた。オスナコ入れるぞて小屋建てた。上から雨入ってワァーしゃけで。
下から風入ってワァーさびで。オスナコ抱いで寝ら、コーイコーイ。

〽ひーふー（一、二）のオマッコ、カンコ（髪）よった。ふーみれ。

ちょいとまくらげて（まくりあげ）、小枕入れて、入れた小枕、十五夜のお月様。
それに向かっておがも（拝）と思ったば、雲は邪険でおがまれね。

昔の子供の遊びに「ショウブタタキ」があった。「ガガホケチョ」と叫びながらどこでもかまわず、友達四、五人で歩いた。「ニッキ」は泥の田んぼでやった。

海綿を拾ってきて糸でくくり「マリ」をつくった。まりつき唄の文句は、「お染、久松サイモンで、しもの河原のジサボサズ、すべってころんでオコドモショ」などと唄った。

竹をこいで「ガンケ」もつくった。「ひとガンケ、ふたガンケ」と唄う。

「ダマ」は女の子の遊びであった。コマは「ヅグリ」といった。木地挽きが作ったものだ。鉄の心棒の入ったコマは後からだ。力石もあってこれは石川市右衛門さんのところにあった。

七　遊びことば――謎々（ナンジョ）

① ナンジョさなった実ッコ、鳥も食われね。ナンジョ。　〔ウツギの実ッコ（答え：以下同）〕
② フタあって底ねもの。〔カヤ（蚊帳）〕
③ 兄が弟につぶされる。〔クソ（糞）〕（「便所の兄貴」ということばもある）
④ ネズミ穴から声かける。〔フェ（屁）〕
⑤ 今いった子、まだこね。〔シノゲ〕（ワラ、モクなど落とし紙＝トイレットペーパーの代用品をいう）

⑥ クチの木の上に花の木、花の木の上にマンサクの花、マンサクの上にコンコの木、コンコの木の上にザラザラ林のそばさ茸二つ。〔人の顔〕
⑦ 型（カタ）から上がった精神魚（ショウジサガナ）。〔鯛〕
⑧ アネチャの歩くどさシマたって、アンチャ歩くとき穴あく。〔灰ならしと火箸〕
⑨ はらら二枚、テボボに穴三つ。〔下駄〕
⑩ 田の中さ升一つ。〔タマシ（霊）〕
⑪ 大戸（オオド）のそばさ豆一つ。〔オド豆〕
⑫ 置けってば、たがくもの。〔ソロバン〕
⑬ 何回まわっても戸ノ口ね。〔ニオ〕
⑭ 寝てからみるもの。〔夢〕
⑮ めくら見るもの。〔夢〕
⑯ 一人坊主うちに居て、あまた坊主外にいる。〔ホーヅキと山ぶどう〕
⑰ ベニつけ、カネつけ、ニッコニッコているもの。〔サンショウの実〕
⑱ 拝めば拝むほど長くなるもの。〔縄〕

八　村の記憶

【畠村の話】

昭和十年代、民俗学者・牧田茂氏は、畠地区の鎌田東一郎さんから海にまつわる様々な話を聞き、後年それをとりくんで『海の民俗学』として出版しています。そのような経歴を持つ鎌田さんにお会いし、牧田氏が聞き漏らした地域の諸々のことを教えていただきたいとお邪魔したのが、昭和三十五年一月十六日のことです。生憎《あいにく》その日は終日猛吹雪でしたが、鎌田さんの話を聞いているうちに日が暮れてしまいました。帰ろうとしたらバスが不通になり、やむなくお宅に一宿させてもらいました。

鎌田さんは、何を聞いても実に鮮明、豊かな体験をもっておられ、打出の小槌の感がありました。まだまだお聞きすべきことがあったと、今にして悔やまれてなりません。以下は、その時聞いたお話のほんの一部です。故鎌田東一郎さんのご冥福をお祈りしながらご紹介します。

1　村の盛衰

石川丹治家は、自分が十五、六歳頃は村で殿様暮らしであった。利尻島の鬼脇（現利尻富士町）でニシンの建網を三ヶ統持ち、土蔵二ツ、建物十一もあった。大正時代に入って「カマドカエシ」してしまったが、原因はニシン不漁のためであった。村の境に記念碑が建っているはずだ。「くわさかっているものは、またさかっていず」という言葉は本当だ。

2　船大工

北浦の藤右衛門、相川にコンピラデグ（大工）と言われた長谷川氏・市衛門、畠では修理程度の大工で細川豊吉・石川（金）などがいる。

3　畠でニシンがとれた頃

魚のことを〝ヨ〟、魚の群れを〝ワキナ〟、〝ワキヨ〟という。ニシンが産卵するときオスの白子で海面が真っ白になるが、これを〝クキル〟という。とれたニシンは、ミガキとサザキ（一尾を二つ割りにしたもの）、ホカワリ（ミガキをとった後の背骨・エラ・内蔵で肥料になる）の三通りに区別された。ホカワリは、石川県の船が買っていた。自分の家では明治三十一年に五万尾（一尾五厘）、二五〇円の利益があった。

アワビ、サザエ、各魚類は、船越のエサバ（魚屋）が船主をたよって来た。自分の家は船木清之助の宿であった。その他、畠に来ていたエサバは重三郎、西村清吉、角左衛門、蔵吉などであった。

4　漁場の設定・船の名称

サケ網の場所は、フタエカマシ、小屋の下、クグシ、タテフクでタライ回しの設定であった。船の引き揚げ場所は、今まで自分の都合のいい所へ揚げていたが、現在はクジ引きで決めている。ウインチ・発動機船が入ったのは、七、八年前のこと。川崎舟のミヨシが高いのは、波の高さを知るためである。

船の各部名称として、ミヨシ、トモ、ウワダナ、シキ、ウワカジキ、トダテ、ゲシのフナバリ、ハネカジ、カジキ、サンノマ、サンノマフナバリ、ドウのマ、ドウノマフナバリ、クルマのフナバリ、シキイタ、マツラチギリ、ロヅク、ハチノキなど、櫓には、ハヤガシラ、ハヤオ、モチウデ、櫂には、ウタ、クキカイ、ハなどがある。舵には、カヂヅカ、カジノクキ、カジのハ、帆柱には、ジョウノキ、ホゲタ、ミナワハシのホジョ、セミなどの名称がある。

5　漁業儀礼

初乗りの日には、真山、本山、山の神を拝む。

一月十日の晩は船霊の歳取りである。元日と同じ行事で、丸餅二枚、ユズリ葉、干魚、松を結び、御神酒をエビス様に上げる。十一日、朝早く起き、家長が土間のジョバ石の上でワラを打つ。この日まで槌は絶対使われない。臼を反対にして、その上で打つ家もある。打つ時は、七・五・三に打つ。打ったワラでハヤオ（船の口縄）を綯《な》う。又、一文銭をさすサシも十二本綯う。それから餅二枚、ユズリ葉、松、御神酒を持って船を拝み、海を拝む。船には御神酒を注ぎ、餅をすこし欠いてあげる。

船の中のネズミが突然いなくなると船が遭難する前兆だと言われている。船の中のネズミは追ってはいけない。船がダメになる時は、ひとりでにいなくなるものだと言われている。

船のダイオロシは、吉日を選び行う。船を海に入れ、御神酒をあげ餅をまく。新造祝いは近親者、その他から来てもらってやる。

孫爺さんの時代のことだが、盆の十六日をオミキクグリといって、村の者共同でアワビをとった。郷中の主だち者が酒と赤飯をクグリ一同に差し入れ、採ったアワビを肴にみんなで酒を飲み歌ったりした。

アラ（鯇）の漁期は、春・秋の二回あった。船主が船方を五～六人かためる。かためるとは「募る」ことをいう。海上安全と大漁祈願をこめて前祝いをやる。漁が終わると総水揚げいくら、雑用《ぞうよう》はいくらと差し引いて、その残り分を分配する。終われば一杯やる。これをサンギョウ（算用）するという。

6 難船

難船があっても船を出すことが出来ない場合がある。そのような時は、入道崎灯台のところに村中の人が集まり夜明けまで焚き火をたき、陸地であることを知らせた。

赤島漁場の近くに「定吉イロ」（小さな入江）がある。この名前の由来は、いつのことかは知らないが夜中に難船があった。夜明けてそこに行くと人が一人流れ寄っていて、着物に「越後荒浜村定吉」（現新潟県柏崎市荒浜）と記されていた。打ち上げられていた身体はまだ温かかったという。それ以来、その場所を「定吉イロ」と言うようになった。

大正のはじめ、自分が二十歳の時、村の六人乗りの手ぐり船が遭難して全員死亡したことがあった。自分が区長をしていた昭和十九年十二月十四日、アイの風の激しい日のこと、灯台からの連絡で灯台の後ろの浜に難破船のあることを知った。現場へ急行してみると、木造発動機船で木ッパ微塵になっていた。船主は北海道茅部郡臼尻村（現函館市臼尻町）、小川喜知次郎商店で、イカの塩辛を積み深浦から新潟へ向け出発、水島西方約一㎞地点で遭難した模様であった。杉谷毅（十七歳）少年一人が助かり、杉谷桃作船長以下六名は全員死亡した。仮埋葬し、後で火葬に付し、浜に塚を建てて供養した。戦後、死亡者の家族を訪ねて歩いたが、七人の中に便乗者が一人いた。

沖にいてシケに遭い、もうダメだという時には、〝マネ〟を上げる。竿に筵とか着物でもつけてあげれば、陸（オカ）に居る者は事故と判断して救助に行くものだ。

明治三十五年（一九〇二）のこと、天売島で大遭難があった。大時化《しけ》のため船が転覆して二〇〇余名が死んだ。自分の父親もその難にあったが、畠の人は誰も死ななかった。村の氏神（山ノ神）を厚く信仰していたためだと言われた。男鹿衆でも、男鹿中、五里合、北浦、戸賀、浜塩谷方面の人が多く亡くなった。一軒で三人も亡くなった家があった。北浦常在院に遭難者慰霊塔があり「明治三十五年三月二十三日　溺死者四十九名」と彫られている。（一七六頁「出稼ぎの島」参照）

松前に行く時、家の敷居をまたぎ「きしこえし　まつかにきわに　ことのねの　とこにはさみ　つまぞこいしき」と唱えてから出ると、元気で家に戻ってこれると言われている。

【山本トシさんの聞き書き】

山本トシさんは、歌人として知られていますが、古老の話に耳を傾け、北浦の習俗について印象に残った事共をノートに記録しておられましたので、それをお借りして紹介します。

①お山かけ

男山（本山）はけわしくて女性はなかなか登れなかった。旧七月十日のお山かけは、女も男山をかけることができた。不幸やお産などあった時は、三年間お山かけができなかった。神様が怒るからだという。

女性はワラジにキャハン、コシマキ姿で出かける。未明に起きて加茂川の水で身体を清め、真山神社にさい銭を上げ、おはらいをしてもらう。お山かけに使ったワラジは神社の鳥居に掛けておく。

②衣類のこと

麻を植える畑をイトバタ(糸畑)という。糸畑はなるべく窪地の湿り気のある場所を選ぶ。刈り取った麻は長い箱に入れて釜でふかした後、水につけるが、北浦の場合は加茂川の水に流されないよう工夫してつける。表の皮を剥くために長い台に置いて延ばしながら白くしていく。白くなったら束ねて干し、叩いて柔らかくする。ウンだ（紡いだ）糸は、中から引くように巻いておき、シボを織る時の経糸《たて》にする。シボ草は筵の袋に入れて売られている布の端裂《はぎ》れで目方で買う。二分くらいにハサミで切り、つないで巻いておく。北浦では七右衛門、万助、げんちゆさん、かひ（嘉兵衛）の家で織っていた。機織りのない家では借りて織っていた。

（古仲ヤス・斎藤ミツ談）

③養蚕の話

北浦の養蚕は、柴山から桑の木を切ってはじまった。養蚕伝習所として、キラク町の高畑家が使われた。鹿山小学校の場所は桑畑であった。伝習所には先生が一人、生徒が十人ほどいて、繭から糸をとる方法を教えていた。その先生が口ずさんでいた歌の文句に「かいこもエビ棚さ上がって繭になるまで待ぢてけれ」というのがあった。

④糸とり

カベ七輪に炭火をおこし、鍋に湯をわかし、繭を五合くらい入れて煮る。火を止めてから水色になるまで落とし蓋をして休めておく。一本になるまでの糸は太くて短いので「節つむぎ」をする。鍋から上げる時キズがつくのでミゴで箒を作り使用したが、どうしてもキズがつくのでウナの木の葉の裏を用いた。繭に口がつけばあとは一本になり、ていねいに巻いていく。糸とりをさかんにやったのは、常在院の萩庭和尚時代で、湊東七の奥さん、加茂の梅五郎などが励んだ。大正十四年頃、沖田という人が役場に来て伝習したこともあった。

（畠山定五郎談）

【各村の記憶】

西黒沢村のはじまり　村の石川家は、加賀（石川県）から来たと言われている。別家を一向宗にして本家は禅宗になった。宝田寺は太田源治家の向かいにあった十王堂である。それが須賀大舜さんの父・

寿天氏が来てから村で財産を寄附してお寺にしたのである。

（石垣多助—大正十四年生・沢井完造—昭和七年生　両氏談）

村の話　西平沢の海岸は護岸工事をしたが、海にある岩は昔のままである。一つ一つに名前があって、カモメ岩、オカの岩、沖ノ島、四重岩、立石、馬を洗った「馬瀬場」、その他石の砥石、長スズリ、沖ながし、白島などがある。白島は椿の名所である。海岸にはいろいろな物が打ち寄せられ、うず高くなっている所を「ドヅク」と言う。例えば「ブリコ、ドヅタ」などという言い方をする。

風の名称として、タバ風、ヤマセ、ダシ、アイの風、ニシ、ヒガタの名称を使っている。特にタバ風はまともにくるので恐ろしい風だ。

海では一・二・三月にカレイ網を刺し、五月中旬から六月はコナゴ（小女子）をとる。この時期は大久保（現潟上市）から佃煮屋が来てコナゴの佃煮を製造していた。七・八月はサザエ、雑魚の他にクロモ、エゴ草をとった。その後は鮭、ハタハタだった。

平沢の岩は砂を固めたようなやわらかい石なので、石材としても切り出された。石屋は五里合谷地の石川寛機という人であった。この人の弟子が茂助という人で、湯本の石灰石採掘のため宿借りしていて養子になった。海中にある岩は波除けになるので採らせなかった。多分白島から採石していたと思う。ここの石は工事に使うケンチ石として旅（男鹿以外の地域）へも運ばれている。

（石垣多助—・沢井完造両氏談）

北浦の別名　旧若美町の人達は、キタウラと言わず「キタバ」と言っていたようだ。あっちゃ（あっち）遊びに行くと「キタバのアンチャ来たが」と言っていた。男鹿中のことは「サワメ」とか、船川港金川地区も上金川は「ウトジ」、下金川は「ヒメサ」の別名があり、八郎潟向かいの南秋田郡の地域を「カダムケ（潟向かい）」とか「ムゲアキタ（向かい秋田）」と呼んでいた。表町の道路は、競馬道路の名があるとおり馬の競走をやった。　（湊東談―明治三十六年生）

※湊さんの話で北浦を指して「キタバ」という言葉が出てきました。この外に文献では北浦のことを「北ノ浦」または単に「浦」として出てきます。北浦は〝キタ―ウラ〟で「北に臨む入江」という意味かと思っていましたが、田中[redacted]博士（名前は失念しました）の紀行文を思い出しました。博士は北浦町を「海岸に断崖をなす開析台地上の街村式一小邑」と書いていましたが、これが妙にひっかかる。博士の文章をヒントに考えると北浦の北は方角の〝北〟を意味するものではない様に思います。それというのは〝崖の上の台地上の土地・谷に添ったやや高い土地〟を指していう古代からの方言的地名を〝キタ〟または〝ケタ〟と呼んでいるのです。正に北浦の〝キタ〟はこれに相当するのではないかと思うのです。〝ウラ〟はいうまでもなく湾・入江でしょう。このように考えると「北ノ浦」は〝入江に臨む断崖上の広い地〟というような意味になるのではないかと思ったわけです。

喜作の家　北浦の湊家の宗家は喜作の家である。喜作の家は函館へ越してしまって誰もいない。私の家は、仙台からビン付けの商いでここに来て、喜作の家にワラジをぬいだのが自分の家の本家となっている。

五郎七家　北浦の浅井家の〝宗家〟と言われる五郎七家は昔、尾張屋金左衛門という武士であった。いつの時代か不明であるが、現在野村の細井信氏の先祖と一緒に脇本へ来た。浅井はそのまま脇本に留まり、細井は北に向かって野村に落ち着いたと言われる。その後、何十年か経て浅井は脇本を離れて北浦へ越して来て、現在の鈴木菓子屋さんのあたりに家を建て、造り酒屋をやっていた。それから大堤の近くの浦の沢に一反歩四十八枚の田を開き「四十八枚打ち」とか「五郎七のケラ田」とも言われた。敷いていたケラを剥いだら下に小さな田んぼがあったそうだ。今はないが、蓮の糸で織ったマンダラがあって暗がりにおくと光っていたそうだ。

（浅井五郎七氏談）

八斗崎　北浦の八斗崎は、栗を八斗まいたからその名が生まれた。栗林には山守をつけて厳しく監視していた。栗山の口アキには学校を休んで拾いにいったが、早い者勝ちであった。二斗以上も拾ったこともあり、一年通してごちそうであった。

（湊　東談―明治三十六年五月生）

湯の尻村の話　この地区は、「湯の尻」と「カマメ」の二つからなっている。「カマメ」（釜前）とは、ニシンを煮る釜があったところから呼ばれたと思われる。地先にベンジェ（弁財船）の一、二艘もやう（繋ぐ）入江があって、越後から来たベンジェが泊まっていた。畳表、素麺、ウドンなどを売っていたようであった。沖には、船をつなぐ六本ほどの杭ぐいが立てられていた。これは、在郷軍人の管理であった。
檜山ハルさんの家は、廻船問屋をやっていた。村には、川崎舟数艘、丸木舟二〇艘ほどあった。今は途絶えてしまったが、ボラの巻網漁があった。この漁法は、相染さまの山の上から見張りを置いて、ボラの群れが見えると一斉に舟に乗り、竹・棒で海面を叩き、底のない囲い網に追い込む漁法であった。囲まれた群れは渦のように巻いて泳いでいるが、これをヤスで突くのである。この他にコウナゴ漁もあった。

（檜山良蔵談―大正八年三月生）

西水口村の話　「ムケドキきた」といって一升餅を背負わせる。正月のお供え餅は六月一日に下ろして食べる。メダマ餅は苗代へ入ればとって食べた。六月一日以前に不幸があれば、その餅は人にくれてやる。五月七日に田植えはするなと言われている。田植えの組は大組で、大堰かかりの田植えは早かった。ハンゲセイ（半夏生）まで田植えが行われる。一人一日のワッパカは五畝ほどであった。

地区にある力石は三つあった。タバコ屋の向かいに埋まっているそうだ。大きな丸石は、生き石だ。夜に若者が集まると力競べをやったが、オラの当時はすたれていた。鬼の足跡は池の端にある。棟上げの時の飾り物はゾウリ、女性の髪の毛、鏡、はさみ。初午の日には、ヒシャクに水を汲み屋根にかける。双子が生まれると一人は何処かへくれてやったり、あずかったりして二人一緒に育てることはしなかった。

（登藤長市氏談）

力石　西水口では「デスのイ（家）」の空き地に一番から三番まであって、若い者は夕方になると集まり、力くらべをやっていた。

旅芸人の話　野村にあった鮭漁に使用されたノマ小屋には、よく乞食が泊まっていた。また津軽の座頭が振り袖姿の娘に手を引かれ、村中を太鼓を叩き、唄って歩いていた。この人達は夜になるとノマ小屋に来ていた。六部様といって、仏様のいっぱい入った箱を背中にしょってやって来た。村人は六部様が来ると集まってよく祈祷してもらっていた。

村の食事　昔、食べていた物にネリケ餅というのがあった。タテセのシタ（通しの目から落ちたクズ米）を臼で挽いて粉にして、鍋に水と一緒にして適度のかたさになるまでこねる。それをちぎってハタハタのショッツルにつけて食べるものであった。この他にソバ粉を使ったソバネリケも食べた。これらは主として昼食時に作られた。

昭和十八、十九年頃、強権発動で百姓の米はとられて、残ったわずかの米をお粥にし、これに油カスを鉈で細かく削り、粥に混ぜて食べていた。

アンプラ餅は澱粉を餅のように固め、鍋に入れてゆでて味噌汁と一緒に食べた。

明治時代には、野村でも鰊がたくさんとれて、余った物は釜で煮て、鰊のホシカ（干鰕）をとっていた。その時の釜跡や鉄釜は今も残してある。鮭の漁期になると、北浦の漁師が来て泊まるノマ小屋があった。

（細井繁春談―昭和四年一月生）

九　民話

筆者は、老人の話に耳を傾け、できるかぎり忠実にそれを記録しようと心がけたにすぎない。読者は、これを読んで、それぞれ語り伝えるのは、ご自由だが、転載・引用は単行本までがまんしていただきたい。

本文は、話者の持ち味を伝えるべく、方言を残しつつ、読者にもご理解いただけるよう文章化した。このような民話・伝説・習俗が生まれたのはいつ頃のことかしらないが、数千年前でないことは確かであろう。百年か二百年そこそこのことかもしれない。上方や江戸でもてはやされた話もあるに違いない。けれども話者が故意にデッチ上げしたり、歪曲したと思われるふしは、ほとんど感じられないように筆者には思われる。では、はじまり、はじまり……。

（一）釜泥棒

テデとアバどいであったと。何一つ不自由《ふじゆ》なことはねがったども、釜だけねがったそうだ。それでアバがテデに「市さ行って釜買って来てきれ」と言うので、テデ市に行ったそうだ。テデいい釜見つけて買って来た。アバも大した喜んだ。

んだどもテデ「釜盗まれねばいいどもなー。盗まれたら何とする。何とへばいいべか」アバに聞いた。

「そんだら、釜の中さ入《は》って寝ていたらいいべ」と言った。

晩になったので、テデはアバに言われたとおりムシロかぷて釜の中さ入《は》って寝てしまった。そさ、ドロボー釜盗みに来て背中さ背負《しょ》ったと。背負《しょ》ったけれどもしんだげおぼてがった。おかしいと思いながら人のいねどごまで来て釜を下ろした。そこで釜のムシロ剥いでみると人が寝ているのでドロボーはドデしてしまった。サー、釜どころでなくなってしまったドロボー、カミソリ持って来て寝ているテデの頭、テラテラに剃って、釜もテデもそごさおで逃げてしまったと。

そだごとも知らねでテデ目《め》をさまして「アバー、夜ッコ明けたナァー」と言ってムシロ上げたら空しか見ねがった。

「アレー、おいの家ッコねー、おいの家どっちゃ行った、おいの家盗まれた」

テデ＝父さん、アバ＝母さん（夫婦呼称の一つ）
ねがった＝無かった

かぷる＝かぶる
しんだげ＝死ぬほど
おぼで＝重い
いね＝いない
ドデ＝動転する、驚く

そごさ＝そこへ
おで＝置く

おい＝俺
ねー＝無い

と言った。今度は手を頭にやったらツルツルになっている。テデ「おい、だいだ。おいでねばだいだ」と言ったそうだ。

トッピンパラリのプー。

(二) 熊のスス

馬の好きなジッチャとバサマいてあったと。ある時、馬を買いに行って良い馬を連れてきたと。晩になったらサンゾクの雨ッコ降ってきたので、ジサマ「スス来て馬盗まれねばいいどもなー」と言った。

バサマ「熊のススより〝フルヤのムリ〟ほどおっかねものはねーな」と言った。

馬小屋のそばで馬食うと思っていた熊はバサマの話をきいて、「オレよりおっかねものいねと思っていたけれど、〝フルヤのムリ〟というおっかねものがいる」と思ったと。

そごさ馬ドロボーコッチョリ入《は》って来て「馬盗まれたのもわからねで、この馬鹿ジッコ」と言いながら、馬だと思って熊にまたがって熊のケッチ叩いてしまった。叩かれた熊、自分の背中《へなが》に〝フルヤのムリ〟のったと思ってドテしてしまって、ドンドどはしぇでいって、そのうち夜ッコ明けてしまった。

ドロボーよく見れば馬でなくて熊に乗ってることがわかって、またドデしてしまった。熊は熊で「〝フルヤのムリ〟に喰われてしまうと思って、ビックラビッ

だいだ＝誰だ
おいでねば＝俺でなければ
熊のスス＝年、年功を経た熊
サンゾクの雨＝「車軸の雨」。降り注ぐ大粒の雨のたとえ
フルヤのムリ＝古い家の雨漏りのこと
そごさ＝そこへ
コッチョリ＝コッソリ
ケッチ＝尻
ドテ＝動転。驚く
はしぇる＝馳せる

クラしていたと。ドロボーはなんとかして逃げねばと思っていたら、石やらあったと。ここだと思って石ヤラにとびこんで隠れてしまった。

　猿がそれを見ていて、熊に言った。「熊、熊、おめ馬鹿だなー。オメの背中《へなが》からおりたのは〝フルヤのムリ〟でもなんでもネー。あれは人間のドロボーだ」。

　熊は、「ンデネー。あれは〝フルヤのムリ〟というもので、おれよりオッカネ奴だ」。そしたら猿が「違う違う。バシだと思ったらためしてみるかー」と言って、シッパ、穴に入れてパチパチと動かしたと。穴の中さ隠れていたドロボー、そのシッパうろだでつかめたと。ところがあんまり強く引っぱったために、シッパ切《き》いでしまったと。それから猿のシッパはみじけぐなったなど。

（三）観音様と焼飯

　オドとアバいであったと。オドは「おれ山に行くため焼飯にぎってけれ」と言って、風呂敷にくるんででは（っ）たと。ケドの途中まで来たら風呂敷ほどけて、焼飯、沢にまぐいでいってしまったと。

「焼飯待てー、待てー」とぼっかけていったら、焼飯、岩の穴コに入ってしまったと。オドもその穴コに入っていったら、観音さん立っていたと。

「観音さん、観音さん、ここさ焼飯まぐれてこねがったしか」と聞《き》だところ、

「半分ゴッツォーなったよ」と言った。

石やら＝石の穴
オメ＝お前
ンデネー＝違う。そうでない
バシ＝嘘
シッパ＝しっぽ（尻尾）
うろだで＝あわてて
オド、アバ＝父さん、母さん
焼き飯＝おにぎり
ではった＝出かけた
ケド＝道のこと（街道）
まくれる＝転げる
ぼっかけて＝追いかけて
ゴッツォ＝ゴッソとも。ご馳走のこと

「ヘバ、もう半分なんとしたしか」と聞いたら、下にまぐしてやったと言うので下がっていったら、また観音さんがいるので、

「観音さん、観音さん、焼飯こねがったしか」と聞いたら、

「来た来た。来たに来たども、腹へってゴッツォーになった」と言った。

「困ったねがー。オラ食うやつねぐなってしまった」と言うと、観音さんが、

「お前、今晩こさ泊まりなさい」と言った。「なしてげ」と聞《き》だら、

「いいか、今晩ネズミ集まってバクチやる。そしたら俺合図するから、お前その時、猫の声たてれ」と言った。オドはいわれるままに一晩泊まることにした。

晩げになった。そうしたら来るも来る来る、ネズミがたずっぱり集《あづ》ばって、ジェンコ山に積んでバクチはじめたと。観音さん、ネズミがた夢中になってやってる時、見計らって合図した。

オド、「ニャオー、ニャオー」って鳴き声たてだと。その声聞《き》だネズミがたドデまくって逃げていってしまった。観音さんから「オド、お前にそのジェンコけるから」と言われて貰ってきた。

隣の家《え》のババ「まま喰ったげー」って遊《あし》びに来たと。床の間のピカピカ光るジェンコ見てドデンした。なんとした訳だと聞くので、オドはカクカクシカジカで授かった話をした。

こさ＝ここに
なしてげ＝どうしてですか
たてる＝音や声を出すこと
ずっぱり＝大勢、たくさん
ジェンコ＝お金
ドテまくる＝動転して、びっくりして、あわてふためくこと
ドデンした＝ドデするともいう。びっくり（動転）した

隣のババ、早速家《え》さ行ってジサマどさ、「焼飯たがいて山からまくして穴に入《へ》でやれ。せば金授かるから。行ってけ、行ってけ」と、嫌がるジサマどご山さやったと。隣のジサマは山から焼飯まぐしてやって穴の中さ入って、二人の観音さんと会って、泊まるアンベになったと。

晩げになったらまたネズミがた集《あづ》ばってバクチ始めたと。したところ一匹のネズミ「コンニャなんだかおかしい」と言い出した。もう一匹のネズミも「コンニャの観音さんのガモ、キンニャの観音さんと違う。大《おっ》きだガモだ」と言った。それを聞《き》だジサマは吹き出してしまった。

「この観音さんやっぱりニセもんだ」というので、ネズミがたジサマにとびかかってツラやら、手、足だの散々カチャガイでしまった。ジサマ血を流して、ほうほうの体《てい》で家《え》に帰って来て、バサマさ大ごとついたとや。トッピンパラリのプー。

(四) ムジナのたたり

オドとアバど暮らしていたと。アバは家《え》で食うものが無《ね》くなったのでオドに「となりの村に行って食うもの買ってきてけれ」というので「へば、行ってくるから」とではって行ったと。

ケドの途中に一本の橋がかかっていた。渡ろうと思って見たらみもんだムジ

たがいて＝持っていって

アンベ＝按配

コンニャ＝今夜
ガモ＝男性器
キンニャ＝昨夜

カチャグ＝引っ掻く

ムジナ＝狸、または穴熊の異称
へば＝では、そうしたら、じゃあ
みもんだ＝未だかつて見たこともない大きなもの

ナ、イビキかいて寝ていたと。オドはじゃまなため、足でゴーンと川さ落としてしまった。そしたらムジナ、「オメー、オレどご、こんた目にあわせてくれたな」といったそうだ。

オドは村で物買って家《え》に戻ろうとしたら、あたりが暗くなってきた。「おがしなー。まだ日が暮れる時でもねどもな」と思いながら歩いて行ったらアガシのついてる家《え》コあったので「おばんです、少し休ませてくなんへ」といったら、「ハイハイ」というので入った。家《え》の中にアバが一人いて、カネつけしている最中であった。それを見ていたらアバが「テデ、カネついだが、カネついだが」とそのツラでテデさいうもんだから、「つでる、つでる」といった。テデおっかなぐなって後ろさ下がってしまった。その途端、ユロリのハシッコさ引っくり返ってしまった。「アーおっかねー」って逃げたけれど暗くて何も見えね。これへばなんとしたもんだと思っていたら、またアカシが見えるので「オレどこ助けてけれ」って家《エ》さ入っていったと。入るとオド一人いて「上がってけれ」というので上がった。したけそのオドいうに「オレのアバ死んでガンオゲさ入っている。まだどっちゃも知らせていないので、なんとかここにいでけれ」といって出かけてしまった。

オド一人になってそのガンオゲ見ていたら、カチンと音してガンオゲのタガが切れた。とたんにタマシ出はってきて「いだがー、いだがー」というものだ

こんた・こんだ＝こんな
アガシ＝灯（あかり）
くなんへ＝ください
カネつけ＝お歯黒を付けること
ツラ＝顔
つでる＝付いている
おっかなぐなって＝恐ろしくなって
ユロリ＝イロリ
ハシッコ＝端っこ
したけ＝そうしたら
ガンオゲ＝棺桶
どっちゃも＝どこにも
タガ＝樽や桶にはめる竹製の輪
タマシ＝幽霊

から、オドおっかねくてそこから逃げて、走ったも走った。したらまたアガシが見えたのでそばに行ったら、今度は黒い着物をきた三ッマナゴの大男であったと。「助けてけれー」っていったら「オレどこおっかねがら、ここから跳ねれ」というので、「ドーン」と跳ねた。跳ねたら橋のかかっていた川の側であったと。「アーおっかねがった」と思っていたら、夜っコが明けていた。見るとムジナがいて「これもひろえ」というので夢中で銀のキセルに見える物拾ったと。んだども、それはムジナが今マゲダばしのクソであったどや。

トッピンパラリのプー。

(五) 猿と雉子《きじ》

猿と雉があるところにいたそうだ。百姓は稲刈ってニオにかけていた。その稲は誰でも早く行って食ってもいいことになっていた。猿は夜中から起きて真っ先に行ってその稲、腹一杯食ったと。雉子は猿のあとから来てゆっくらと食べていたと。そうしていると猿が「オラ、くいげだんて少し分けてけれ。家《え》のバサマさくわせるから」といってきた。雉子は、んかして断ったところ、猿にがてせっからめてしまって、猿がおっかねして泣《な》いでいたと。

そこに栗が来て、泣《な》でいるわけを聞《き》だけ、「オイ、イロリの中さ入っているから」といった。次に蜂きて「オイはミンジャの窓さいるから」といった。そ

三ッマナゴの大男＝三ッ目の大入道ともいう

マゲダばし＝マゲダは出す、出る。ばしはたった今。たった今したばかりの意

ニオ＝刈った稲を干すための杭

ゆっくら＝ゆっくり

くいげ＝食い終わる

んか＝いや

せっからめる＝ひどい目にあわせる

オイ＝俺

聞だけ＝聞いたら

ミンジャ＝水屋。流しのこと

の後から今度は糞《クソ》がネッタラ、ネッタラやって来て「雉子、雉子なして泣《な》でるって、オラ、ヒヤシの下にいるから」といったと。今度は臼がゴロゴロやって来て「雉子、雉子、心配《しんぺ》するな。オラ、屋根の上さいるから」といった。

雉子が寝ていると猿がやってきて「雉子いるかー。アー、さびー、さび」といいながら股フロゲてイロリの火床ほっけました。その途端、栗ポーンとはじけで、猿の股、焼げてしまった。「あちでゃー」とミンジャに走って行ったら蜂がて刺されてしまった。外に出ると思ったら、糞《クソ》の上さあがってシューとすべってブッころんだと。そこに屋根から臼まぐいできて、猿ベッチャラとなって死んだどな。

(六) 狢《むじな》と兎

ジッチャ、家《え》の雪おろししていた。ババは米搗《つ》いでいたと。屋根のスマコにムジナ一匹がいたので、ジッチャ「オッカデ、オッカデ」といってつかめた。晩げに煮て食《く》べと思って手足ふじばってつるしておいた。ババ「オメ方《ほう》さ、こぼいだやつオメひろえ、オレ方さ、こぼいだやつオエ拾う」といって米搗でいたと。ムジナそれ聞《き》で「ババ、コエばオエ代わってやるか」といった。「ドス、ンガいだ者」ってムジナさ小言をいったども、ババ、ムジナさ「オメ、搗《つ》けるてがー」といって降ろしたそうだ。ムジナはババと同じく「オメ方さ、こぼい

ヒヤシ＝庇のこと
さび＝寒い
フロゲて＝広げる
火床＝イロリの中心。火が燃えているところ
ほっけました＝ほじくりまわした
がて＝から
まぐいできて＝転がってきて
ベッチャラ＝ペッチャンコ
どな＝そうな、そうだの意
スマコ＝隅、隙間のこと
オッカデ＝驚嘆した時に言う
つかめる＝捕まえる
オエ＝オレ
コエ＝疲れること
ドス＝人を卑しめる時に言う
ンガいだ者＝これも人を卑しめる言葉で、お前のような者の意

だやつ……」とやっていた。そのうち米フルっているババのスキ見て頭めがけて杵でペッチャリとやってしまったと。ムジナはババの着物を着て化けて、ババどご煮てしまったと。「ジッチヤ、ムジナ煮えだから降りてきて食えー」というもんだから食ってしまったと。晩げになった時ムジナが「ジッコ、ジッコ、ムジナ食うぞてババ食った、ミンジャのホネ見れー」といった。ジッチャ、ホネになったババどご見て泣《な》でいたと。

そこに兎やってきて、ムジナにだましけらいた話コしたそうだ。兎この話コ聞《き》でカタキとってやることになった。

兎はイサバになって「ザッコ、フナェー、フナにジャッコ」とさけんで歩《ある》たど。そうしたらムジナ「買う、買う」っていってきた。ムジナ「何とへば魚コとれるものだ」と聞くので、兎は「魚《さかな》コとるのはジョサネー。舟さのって舟バタたたけばドットど入《はい》ってくるものだ」といった。ムジナ「オエどこも一緒にアンデけれ」というので連《つ》でいった。んだどもムジナに舟、ねーわけだ。それでムジナは兎に頼んだと。「いいでねー。オエこしゃいでやる」というので、泥固めて舟こしゃいでやった。兎は木の舟、ムジナは泥舟に乗って沖に出かけた。そこで兎はムジナに「舟たたけば、ドットど魚入《はい》ってくるから」というので、棒もってたたいたら舟バタが欠けてきた。兎がまだたたけというので、またたたいたら泥の舟、真ん中から折《お》だいてしまってムジナも死んでしまったと。

フルう＝拾う

ミンジャ＝水屋。流しのこと。

だましけらいた＝だまされた

イサバ＝魚屋

ジョサネ＝ぞうさない、たやすい

アンデけれ＝一緒に連れて行ってくれ

オエ＝俺（オレ）
こしゃる＝造る

折だいる＝折れること

（七）ミミズと蛇

昔、昔、ミミズには目があったけれど、蛇には無かったそうだ。けれども蛇はとても唄が上手であった。ある日ミミズと蛇が行き合って、蛇がミミズにいったそうだ。「オレの唄とお前の目をとりかえよう」といったので取り替えてしまった。それからというもの、蛇には目があり、ミミズには目が無くなってしまったのだと。ミミズは夜になると鳴く。地面に耳をつければビュー、ビューと鳴く声が聞こえる。特に湿った天気の時には、はっきり聞こえる。

（八）山の神さん

〝山の神さん〟は女《おなご》だといわれる。仕事で山に入る時は汚ない物を着ていくものでない。チャンとモヨッて行くものだ。

あるところに山仕事するテデがいて、いつも山に行く時は、作法を守ってビン付けて山に入っていったと。そこのアバ「オレのオド、少しおかしい。山に好きだ女いらんでねが」と思って、オドのあと、コッチョリ付《つ》ていったと。オド、谷渡しになった大きい木の上に上がって斧で枝打ちしていたと。目くらむいんた谷の上に横に渡した板の上でジョサなく仕事をしていた。その様子を見ていると、アバのマナグにきれいな女の姿が見えたと。「この女だな。このチクショ

モヨう＝装うこと。身なり
ビン付け＝ビン（鬢）付け油
いらんでねが＝いるのではないか
谷渡し＝急峻な谷の意か
いんた＝ような
ジョサなく＝雑作なく。簡単に

ウ、テデどこ取りやがって」とアグデついたと。そうしたら、木の上に上がって仕事をしていたテデ、スーッとまっさかさまになって谷底に落ちて行ったと。今まで〝山の神さん〟テデのタブサをつかんでいたために、谷に落ぢねで仕事していたんだども、アバが〝山の神さん〟にアグデついたために罰あたったんだと。

トッピンパラリのプー。

（九）田に埋めた千両箱

昔、あるところにひやみこぎのヘガレがいたそうだ。親は、ひやみこぎのヘガレが心配で死ぬに死なれないでいた。ある時その親、ヘガレに「田の中に千両箱埋めてあるので、オレ死んだらとだして暮らせ」といって死んだそうだ。

ヘガレは、さっそく千両箱とださねばと思って毎日、毎日田の中ほっくりげしたど。んだども千両箱はではらねかった。そのかわり田どこ全部打ち上げてしまったそうだ。千両箱が出てこない田を見ながらヘガレ考えたと。そして「ハハーン、死んだ親、オレどこカセがへるどて、千両箱埋めてあるっていったのだな」とさとったそうだ。それからというもの、ヒヤミこぎのヘガレ一生懸命、田さかがって秋になった時じっぱり米をとったそうだ。

トッピンパラリのプ

アグデ＝悪態。悪口

タブサ＝マゲを結った時に束ねられた部分で、もとどりとも言う

ひやみこぎ＝不精者。怠け者

ヘガレ＝セガレ。息子のこと

とだす＝掘り出す

ほっくりげす＝掘り返す

んだども＝だけれど

出はらね＝出てこない

カセがへるどて＝働かせようと思って

田さかがる＝田仕事に打ち込むこと

じっぱり＝たくさん。いっぱい

（十）秋田と津軽のホラくらべ

秋田のホラふき、津軽のホラへば何だらもんだべがためしに行ってくるといって出はっていったと。津軽のホラふきの家《え》さ行ったらオヤいねくて、セガレがいたそうだ。秋田のホラふき「このあいだ大風吹《ふ》だども、こっちゃ秋田の寺のカネ飛んでこなかったか」というと、セガレが「ハアー、そういえば飛んできだども、おえの柿の木にふっかがってゴーン、ゴーン鳴ってあった」といった。「ところでオドどっちゃ行った」と聞《き》だら「この間《め》の大風で岩木山かたがったため、線香三本たがいてつっかけに行った」とコトバッコかえしてきたと。秋田のホラふき「オレより上手だ。少しアンベ悪い」と思いながら、「オメのアバ、へばどっちゃ行った」と聞《き》だと。したけ「オエのアバ、日照り続きで田さフビ入ったがら、水口《みずぐち》さ小便まげに行った」といったと。とうど秋田のホラふき負けてにげてきたと。

（十一）梨とフェ

あるところに出戻りの女《おなご》いてあったと。ある日、若げ者がたあづばって梨もいでいたと。んだども、たげどさある梨もがいねでいたと。したけその女《おなご》きて「オレ、もでだすが」ていうなで「オメもげるてが、もげたらもで見ろー」といった。したばその女《おなご》、コシマキまぐってケッチとだしてフェしたど。したけ

ホラ＝物事を大げさに言ったり、嘘の話のことを法螺話という
ホラふき＝法螺話をする人。ホラコキともいう
へば＝とは、では、いったい。広い意味で使う
何だらもんだが＝どんなものなのか
ふっかがって＝引っ掛かって
どっちゃ＝どこへ
かたがった＝傾いた
たがいて＝持って
つっかけ＝支え
アンベ＝アンバイのこと。なりゆきの意
フビ＝ヒビのこと
水口＝田の水の出入口。または水源のこと
とうど＝とうとう
フェ＝屁のこと
若げ者がた＝若者たち
あづばって＝集まって
たげどさ＝高い所に
いうなで＝いうので
てが＝のか

梨の木「グーラ、グーラ」ってグラめて、梨落ちてきたそうだ。

（十二）江差のシゲジロー話

その一　ニシンの網おろし祝いの時は、みんなに酒を振舞って沖上げ音頭（ソーラン節）をやるものだ。その時シゲジロー「ニシン来たかとイナリに聞《き》だば、どこのイナリもコンという」と唄ってしまったために親方からクビになったそうだ。

その二　馬喰《ばくろう》が村に馬を買い付けにきたものだから、シゲジロー「馬だば、俺にいいやつあるから俺の馬買わないか」といった。どこにいると聞いたら「ハラッパで草食って〝パンパン〟してるといった。そこで馬喰、ハラッパに行ってドデしてしまった。死んだ馬が〝パンパン〟にふくれあがって臭くてなんもかもねがったと。

（十三）〝サブ〟の話

昔、ある村に〝サブ〟というわらしっこがいてあったと。ところがこのワラシ、朝間《あさま》に起きれば、腹あぶって熱くなれば背中《へなか》あぶってばしいたと。ある時、テデが「サブ、サブ、なんてだもんだ、困ったもんだ。ほがいのわらし一生懸命やっているのに、ンガ何とする気だ」といった。そうしたらサブ「オ

ケッチ＝お尻
とだす＝表に出す。露出する

あぶる＝炙る。この場合火に当たって暖めること
ばし＝ばっかり
なんてだもんだ＝どうしたものか
ほがい＝他人。他家を指す
ンガ＝お前

ラ、上方さ行って学問するのだ」。これ聞《き》だテデ「んー、こごさいでも勉強しね者が、なんと上方さ行ってできる訳ねべせ」といった。それでもサブ、ねじぐいうので「んだら、ジェンコけるがら行ってけ」ということになった。

　サブは喜んで上方へ向かったと。ドンドと歩いて行ったら、大きな石を天秤棒さかついだ人足が「ホイタラホイ、ホイタラホイ」と掛け声しながら通りすぎたと。サブ「大きな石はホイタラホイ」というのだと思ったと。またドンドと行ったらのぼり坂になっていて。男と一緒になった。坂のテッペンに着いたら男が「アー、ジョウラクしたな」といった。下って行ったら、今度は「ゲラクしたなー」といった。これを聞《き》だサブは、「上がったり下がったりするのはジョウラク、ゲラク」というものだと合点した。また行くと魚屋の前にきた。客が一ぱいいて、客の一人が「ツムリくれ」といった。「ツムリは何だ」と聞くと〝頭《かしら》〟のことだとわかった。今度は塗物屋の前にきた。客が「朱椀いりよう」というと、店の者が赤い椀コたがいてきた。サブは「ハハーン、赤い物はなんでも朱椀いりようといえばいいのだ」と思った。熊野神社に行った。そこに山伏がいてホラ貝「ボホラン、ボホラン」と吹き鳴らしていた。「熊野大権現、熊野大権現、何とかかんとか」と唱えると、家の人が出てきてジェンコだの米ッコ持ってきた。サブは、物をもらう時は、なんでも「熊野大権現、なんとかかんとか」といえばいいのだと思った。どれ、

こごさ＝ここに
ねべせ＝ないだろう
行ってけ＝行ってこい
ねじく＝熱心に。しつこく
ドンドと＝どんどん
たがいて＝持って

ひとげり家《え》に帰って親達をよろこばせようと思って村さ帰ったと。

村の者がた、サブが上方から戻ってきたというので、家からあまる程集まった。家に入れない者は、ツボコの木にまで登ってサブの話聞《き》いでいたと。その時、木からドッタと落ちて石に頭ぶっつけて怪我した者が出てしまったと。「大変だ、医者さ行って薬コもらってこい」といったけれどもダエもどんな薬コもらってきたらいいのかわからねわげだ。これを見たサブ「ドラ、ドラ、オエ書《か》でだす」といって何と書《か》だか。

「おらや、となりの野郎が庭の柿の木にジョウラク、ゲラク仕り候ところ、ホイタラホイに魚のツムリぶっつけて朱椀いりよう、たったと流した。お薬一服、熊野大明神ボホランボホラン」これ持って行けば医者が薬ッコよこすはずだと使いの者が医者のところへ持って行った。これを見た医者、サッパリわからないので「ドラ、ドラ、俺行ってくる」といって医者が来たそうだ。薬ッコもらい手当てをしてもらい怪我が治ったと。「サブ、えらいナー。上方に行ったアデあったナー」ってみんな感心したと。

トッピンパラリのプー

(十四) 長い長い話・短い短い話

鬼、空からフンドシながめたと。長い長い、なんぼまくったて長くてまくられねかったと。

ひとげり＝一回。二回はふたげりという
者がた＝者達
ツボコ＝庭
ドッタ＝ドッタリ
ダエも＝誰も
わからねわげだ＝わからない話だ
ドラ、ドラ＝どれどれと同意
オエ＝俺
書でだす＝書いてやる
書だか＝書いたか
アデ＝価値。あたいの意

（十五）ある時オド、浜回りしていて四斗樽拾ってきたと。家《え》さきてあけてみたら、ヨコノミいっぺ入っていたと。そのヨコノミ一匹ずつ出はってきて〝トン、トン〟跳ねたと。樽からノミ全部出はるに一晩げも二晩げもかかる。トッピンパラリのプー

（十六）猿の尾っぱ短いども、その短い尾っぱどご、またナタもってぶった切った。したら尾っぱだかなんだかわからないぐらい短くなったどやー。

トッピンパラリのプー

ヨコノミ＝ハマノミ、または横エビのことか

本章につきましては、不完全極まりないことを承知ながら、北部地域に伝わる民俗の一端を記録することができました。これは取りも直さず地域の皆様の御協力の賜物と考えております。茲《ここ》にその御協力に対し、御芳名を記し感謝申し上げます。（敬称略・順不同）

太田忠之進・石川長吉・籾山文蔵・沢井完造・湊東一・浅井五郎七・登藤長市・山本トシ・古仲ヤス・斎藤ミツ・登藤喜一・檜山良蔵・太田忠助・太田忠一郎・石川正雄・浅井フツエ・石垣多助・鈴木専之助・武内和歌・小川常雄・畠山定五郎・細井繁春・畠山ミヱ・安田シミ・大淵フヨ・登藤慶次郎・畠山多吉・渡部鋼一・檜山久・鎌田東一郎・浅井富一郎・島宮栄三

なお、筆者の不手際により御芳名を書き漏らした方がおりました。また御芳名の誤字等ありましたら、何卒、御寛容の程、お願い申し上げます。

Ⅲ　男鹿島社会誌
―明治の新聞を読む―

明治以降の男鹿島内の動きを知る手がかりとして『男鹿市史』（昭和三九年）、『男鹿市史』上・下（平成七年）、旧町村役場資料がある。このうち旧役場資料は遺憾ながらほとんど失われている。ただ幸い永年保存の『議事録』は不完全ながら残されている。これらの議事録をすべて閲読したわけでないので確言できないが、議事録という性格上、その内容は租税、土木、産業、災害対策、教育等に関する公共的なものに限られるのではないかと推測される。

これに対し新聞には議事録にほとんど記されることのない様々の情報が満ちあふれている。これら明治期の新聞を読みながら、主として　男鹿半島北部地域にかかわる政治、経済、社会、文化的な記事の検出につとめた。その結果、今日あらためて再掲するには極めて強い抵抗感のある記事が多々ある一方、この時代の男鹿島の動静を理解する上できわめて有意義と判断されるものも同様に多く含まれていることがわかった。これらの記事を年月をおって網羅していくならば、おのずから明治期における男鹿島北部の地域像が想像をこえて鮮明に浮かびあがってくるのではなかろうか。このような観点から新聞が伝える男鹿北部地区に関する情報を再掲していくことにした。それによって今日、しばしば世間話として語られることの多い父祖の生きた時代が現実に蘇るとともに、「明治は遠くなりにけり」という言葉が実感され、改めて北日本秋田の西端に位置する男鹿の風土的側面が明らかとなり、認識を新たにすることができるのではなかろうか。

秋田県立図書館には明治七年（一八七四）二月以降、十一年（一八七八）八月まで遐邇《かじ》新聞、十一年九月から十四年（一八八一）十一月まで秋田遐邇新聞、明治十五年（一八八二）一月から十七年（一八八四）五月まで秋田日報、明治二十二年（一八八九）二月以降は秋田魁新報がマイクロフィルムに記録保存されている。

なお再掲のしかたは原則として原文のままとしたが、漢字や仮名遣い等を現代的に改めたものもある。新聞の漢字にはほとんど振り仮名がつけられているが、必要部分以外は省略し、適宜、句読点を付した。本文中の（　）内も原文のままである。また、◆は印刷不鮮明で判読困難を示す。

明治十年（一八七七）二月二十三日

秋田郡男鹿北の浦村の何の敬吉とて家産も貧しからず天質の徳実なる人あり。此家へ数年出入する払戸村の某（姓名は闇漏しました）六十歳位なるが、至て正直なれば殊の外に敬吉が心にかなひ居たり。某は足らぬ手内ゆえに差支える時はいつも敬吉に助けられて恩に成て居るゆえ、敬吉の事といへば真実に心を尽して勤め少しも粗略のなき正直一遍の善人なり。然るに某が昨年の秋ごろ商法を志ざして敬吉より船と米百五十俵とを借受け一山あてやうとて松前表へ乗出し、自分も上乗して出かけしが、運もあしく俄《にわか》に風波あらくして難船し命ばかり漸《ようやく》と助かッて来たが、敬吉よりは深く平日の恩義もある上なれば、此度の損耗は何んと申訳すべきやうもなき次第ゆえ、我所持の田畑家屋敷までも売払ッて償ふより外なしと思ひ切て見たが、此ばかりの代価にては皆済《かいさい》にもならず、又田畑を売尽しては妻子の飢渇に迫るは目前の事なり。去とては敬吉への義理が立ず、兎やせん角やせんと苦心すれども外によい手術《てだて》の出来ぬより、厚かましくも今一度願てみんと敬吉が処へ行き、こはごはとして損失せし次第を述べ、田畑家屋敷を売りても償はんと思ひとも又妻子の飢死も憂ひねばならず、何卒此度の事は暫くお助けくださいと苦説《くど》くさまは如何にも面目なき体なれば、敬吉は少しも惜む景色なく其米は残らずお前へ遣るからそんなに苦労をせずとも先づ一杯飲んで往きなさいと言れて、某は大に怒られやうと思ひしに意外の返答をされたので、大いに安堵したやらがッかりして嬉し涙を浮べ酒を飲んで居たる処へ二百俵の米を売に来た者があるから、某は米の目利《めきき》が上手ゆえ手伝はせて買入れがすみ、積重ね置きたる俵の上へ某がごろりと寝て居るから敬吉は変な所へ寝ると不審に思ひ、袖を取てサア起なさい一杯飲みませうと起して見れば、一言の答えもなく米俵の上で往生して居りました。

　此は某が餘りに安心し過て気が抜けたのだらうとの噂ですが、某は米船で大損をして、また米俵の上で死ぬとは能く米に縁のある人なり。併し其買れた二百俵の米では大層の利益が有たといふから、乗除《じょうじょ》したらば敬吉には餘りの損にも成ますまいから、死んだ某もそんなに気の毒になされますな。

※　男鹿の話題が新聞にのった最も古い年代のものと思われる。敬吉とは田沼慶吉（二代目）ことである。かれは当時、本県における最大の廻船業者であり、幕末から明治二十年代にかけ海運によって大きな産をなした。払戸村の某は誰か未詳である。この一文によって明治初年の新聞はどのようなものであったかがよく理解できるであろう。遐邇新聞には当然のことながら国内外の時事的記事もあるが、このようなゴシップ（噂話）的な記事が多い。

これらゴシップ的記事は記者の取材によって書かれたものではなく、現地からの投書によるものであった。情報通信、交通網の未発達な時代、情報収集は投書という手段による面が大きかったのである。

ちなみに男鹿における通信機関の業務開始年月は次のようである。

通信機関　――各郵便局の業務開始

◎郵便業務

局名＼項目	局設置年月日	郵便取扱人
羽後国秋田郡第一大区小八区		
船越村	明治六年（一八七三）九月一日	西村宇右衛門
船川村	明治十一年（一八七八）四月二日	船木　久治
脇本村	明治三十六年（一九〇三）十一月十六日	天野　易蔵
羽後国秋田郡第一大区小九区		
北磯分村	明治七年（一八七四）三月一日	古仲　文助

※郵便取扱人は、その地域の名望・資産家と認められた人物が取扱人の指定を受けている。

◎電報業務

局名＼項目	電報受付事務開始年月日	電報配達事務開始年月日
秋田県南秋田郡		
船越村	明治三十五年（一九〇二）十月十一日	明治三十五年（一九〇二）十月一日
北磯村	明治三十年（一八九七）三月十一日	明治三十年（一八九七）三月十一日
船川村	明治二十五年（一八九二）八月一日	明治二十五年（一八九二）八月一日
脇本村	明治四十四年（一九一一）九月十一日	明治四十四年（一九一一）九月十一日

◎電話業務

局名＼項目	通話事務開始年月日	交換事務開始年月日
秋田県南秋田郡		
船越町	大正十年（一九二一）二月十六日	大正十年（一九二一）九月六日
船川港町	大正十年（一九二一）二月十六日	大正十年（一九二一）二月十六日
北浦町	昭和三年（一九二八）三月二十六日	昭和十年（一九三五）六月五日
脇本村	昭和十年（一九三五）六月五日	昭和十二年（一九三七）十二月一日

（『男鹿市史』上巻・平成七年を参考）

明治十一年（一八七八）一月七日

年の新まるに随《したが》ひ追々と学術も進歩して行状も正しく、世間稀なる児童の出て来るのは各学校教員さんのお勉力とは言ふものゝ、又政府にて子弟を教養成さるゝ御仁徳のありがたきに因るものなるべし。爰《ここ》に男鹿北浦村といふ僻地にして稀れなるは、鹿山学校一級生徒柴田豊治、二級生の同徳治といふ二人は、何れも勉強者にて朝には早く起き人より先きに昇校して教員の教へを能く守り、聊《いささか》も倦怠なく励みて家へ帰れば祖母さんや父母さんに事へて悦ばれるを我楽として座しきの掃除から万事に心を用へ。我より年長たる人をば尊敬して幼を助け優れ者に習ひて劣れる者に教ゆる抔《など》、其挙動実に優しき奇童なれば一村挙《こぞ》って感称せぬはなく、末頼《たのも》母しき小童なりとて他の生徒衆の亀鑑にも成りましょうと年々歳々磯辺に滞留する買人さんよりお報知でありました。

同年四月十一日

去月廿八日の昼頃とかに大坂廻しの船にて千石余積む船なるが、船頭は石川県の坂本専蔵と云ふ者にて水夫とも一四、五名斗り乗り組みで第一大区十一小区湯尻村なる沖え来ると、俄かに暴風が起ッて暴《あ》ら波に打立てられ船は既に覆へらんとするも乗り組の人数も命限に力を尽して暴波を過ぎ越したるが、斯《かか》る最中に五人斗《ばかり》の人数が陸え乗り着かんとて端舟《はしぶね》に乗り移り浜手をさして漕ぎ寄せる折り、一人の男が端舟より落ちて溺死し跡の四人も既に危い処を同村の石川又兵衛がそれと認しより救ひの舟を出して難なく助け寄せたりと云ふ噂。

※　湯の尻の海は当時、弁財船が二艘ほど停泊できる天然の船入り澗であった。石川又兵衛は檜山

又兵衛の誤りだろう。又兵衛は湯の尻で船宿廻船問屋を営んでいた。

同年四月十六日

湊藤七さんは慈悲深き人にて、村中の困窮人を見ては米や銭抔《など》を折り折り施与されるので、隣村の人々迄も善人ジャと尊敬し居ると云ふが、実に感心なお方です。

※　湊藤七は東七の誤記であろう。後に北浦町三代目町長を務める。

同年十一月二日

第一大区七小区土崎湊の某より雄鹿北の浦村何の敬吉方へ遣ハしたる使ひの者が、去る廿九日用済の上若干の金圓を懐に収め帰途に赴きし。頃はハヤ日も下哺《くれ》に近く段々一里、二里と道を急ぎ頓《やが》て出戸村辺に来掛りしに、木立もくらき物陰より大の男の顕れ出て、お定りの文句に使の者ハ肝を潰して棹栗振へハ曲者いよいよ聲を荒らゝげ、金がなくば着物を脱げと威し掛けられ丸々脱いで逃げたるが、其泥棒は無褌だ野郎でも有たか、又々追駆来りて其褌も外せと病ませ付れば、此伜ばかりも五免とわなわないひて漸《ようや》く許しを得たりといふが、思ふに持参の金子は陰嚢《いんのう》といふ嚢《ふくろ》の中へ隠し置きたるならん。要心のいゝの男で五座《ござ》る。

※　北の浦の何の敬吉とは、二代目田沼慶吉のことである。内国交易の取り引きのため北浦へ使いに行った者が遭遇した事件であった。

明治十二年（一八七九）五月六日

南秋田郡男鹿安全寺村ハ、赤貧の者のみ多くして自分が姓名さへ書き得ぬ程の所なれば、該村に住める安田、柴山の二氏深く焦慮して戸長斎藤氏と謀《はか》り、鹿山学校の分校を開設して教員真宮紀《まみやただす》氏を聘《め》せしは客年の十月中の事なりき。氏の勉励に依ッて入校の生徒も陸続絶ざりしが、該校ハ庵寺を其儘に用しものにて不便少からず。教場中に弥陀もあれば如来もあり、地蔵さんは生徒に混じ、閻魔大王は机に向ひ、位牌は参差として四方の棚に排列し、折りとしては地蔵が転げて生徒の天窓（あたま）を傷めることもあるので、教員真宮氏村民を諭すに仏像を他へ移さんことを以てし、且つ教員、生徒の控処を増築すべきを懇々説いて漸く清潔に至らしめ、去月某日は定期試験にて三等巡査石井秀苗氏が其席に臨み、試験生徒は六級が二名、八級が十二名の内優等五名あり。査公も其勉強なるを賞して優等生へ読本一冊ツヽを贈られしかば、父兄の人々は大喜びをして居りしと。

※　この文章をみると安全寺村だけが赤貧で、姓名も書けないものがいたと受け取られかねない。だがそのように受けとめるとすれば間違いである。なにも安全寺村だけがそうであったのではない。当時、日本の人口の八割は桎梏《しっこく》な江戸時代を体験した農民で占められていた。みな赤貧で文字を知りたいと思っても、それがかなえられない人々であったことを忘れてはならない。これをなんとかしなければならないというので、明治五年九月、「必ず邑《ゆう》に不学の戸なく、家に不学の人なからしめん事を期す」という有名な文部省布達の『学制』が頒布され、全国各地に小学校が続々創立されたのである。創立されたといっても、今日の如く国が大半の補助金を出してできたのではない。村人がなけなしの金を出し合って学校をつくったのである。ここに「おらがた村の学校」

という意識が生まれる原由があった。安田は安田清松、柴山は柴山佐太郎と思われる。戸長斎藤は斎藤正揨である。安全寺小学校最初の教員は真宮紀で真宮一（光飯寺最後の僧侶で、還俗して神官になった）の長男である。当時の学校教員はほとんど失業士族であった。紀は宗教人の子息である。宗教人は当時の村社会のなかの知識人であった。紀は弟とともに親から直接、勉強を教えられたと思われる。弟周輔は医者になっている。紀はその後、安全寺小の教員を辞し、戸賀で造り酒屋をはじめた模様である。明治初年、寺子屋のあった村人は幸せであった。北浦村と真山村の寺子屋の師匠をあげると次のようである。

北浦村・武内静雄、武内清江（社家）、若林元仲（医師）、長谷川政治（郷士）、真山村・真宮一（修験）

同年（一八七九）八月八日

本月五日に左の賞与がありました。

羽後国南秋田郡北浦村

瑞光寺住職　中山　智諦

其方儀、本年六月廿二日午後一時頃南秋田郡北浦村宿高山平八妻◆◆自分境内井中ニ身ヲ投セントスルヲ見認メ大ニ尽力、救援候段殊勝之事候。依之為其賞金、金三十銭下賜候事。

※　瑞光寺第十七世周邦智諦のこと。南秋田郡大久保円福寺より来住、明治二十四年十一月十九日遷化。現・潟上市昭和乱橋の出身。

同年九月二日

南秋田郡北ノ浦村戸長・齋藤正捧か先頃庁下へ用事ありて来て居しか各町村に於いて虎列剌《コレラ》患者日増、蔓延の勢を聞き、若しも居村に発病しては大事なりと石炭酸を買整ひ直様、帰村し村内一統へ施薬し厳に予防尽力せられしと、亦方今の義務者なるかな。

同年九月七日

甲第百十六号

當県管下南秋田郡及由利郡村町内別紙之通改称候条此旨布達候事

明治十三年九月三日　　秋田県令　石田英吉

南秋田郡

元　黒沢村　　改　西黒沢村

元　水口村　　改　西水口村

元　湯ヶ又村　　改　湯ノ里村

由利郡

元　田仲町　　改　本田仲町

明治十五年（一八八二）三月十九日

○〔男鹿北浦の概況〕

地勢は茫々たる滄海に浜は峨々たる青山を前後にし、戸数凡そ百六十戸餘。中に士族もあり農家もあり商家に職工に悉く雑居して近傍廿餘村の需用を充たしむるを以て甚た賑はしく、実に雄鹿全島にての都会なり。警察分署は新築する積りなれとも未た着手せす。警官其人を得し故か部内至て静謐《せいひつ》なり。学校を鹿山學校と称し生徒百五十名餘あり。教員等は頗ふる勉励のよし。戸長大久保某は能く其の任に堪え、且温厚の風あるを以て村民甚（以下不明）

同年三月十九日

○〔松前鯡《にしん》取り〕

松前鯡取りの為男鹿、本庄、亀田、庄内、新屋辺より年々出帆せしか、本年も已《すで》に去る八日の順風に乗じ数百艘一時に出帆せりと。其後日々七、八艘つゝ出帆する由。

同年四月二十六日

○〔真山の大雹《ひょう》〕

南秋田郡男鹿真山の北麓なる真山村の近辺にて去る十六日午後四時より同時二十五分迄の間に大サ一寸四方位ゐの大雹（多くは三角状なりしと）降りしは実に珍事なりとて該処より態々《わざわざ》報知。

同年四月三十日

○〔北浦の教育新盟会〕

南秋田郡男鹿北浦村は庁下を距《へだて》ること十四里。戸数百六十戸、士族もあれど農事と漁業に暇まなく容易に世間の形勢に通ぜざるを憂へ此頃同処の元教員を奉職せし古仲某は、大に奮発して壮年　輩《ともがら》数十名申合せ教育新盟会と称し新聞紙及書籍を買ひ入れ講義して壮年輩に知らしめ作文なんとを作らせ、追々進歩せしめんと頻《しき》りに勉強するとは感心な噺し。その趣意は左の如し。

今や学舎四隅ニ普《ひろ》ク、山間水浜亦、咿唔《いご》ノ声アラザルナシ。三歳ノ児童モ時理ヲ明カニシ世情ヲ論スルニ至ル。然ルニ青年タル者、茫乎トシテ貴重ノ光陰ヲ過費シ碌々草木ト共ニ齢《よわい》スルモ亦活歎ノ至リナリ。故ニ有志ヲ結合シ農事、漁業ノ休暇ヲ撰ミ各学ニ遊ハントス。今其ノ初歩トスル処ノモノハ新聞紙、読書及ヒ作文ノ二科ニ各自其ノ好ム処ニ随《したが》ヒ進歩シテ普通ノ学科ニ至ラント欲スルハ本会ノ目的ナリ云々。

同年六月二十日

○〔真山神社祠官武内氏〕

南秋田郡男鹿の真山神社祠官少講義同郡北浦村武内真顕氏は篤実、親切なる人にて祖父母、親もあるが能ヽ《よくよく》孝順に事《つか》へ、夙夜《しゅくや》勉精し、又た学事に尽力して生徒を薫陶せらるゝより啻《ただ》学芸の進歩のみならず一郷の風俗も自然善良なるに至りしと。氏は教導職なれば村民の癖として病気等の節も、或は招きて祈祷抔《など》を頼むとあれば遠ほきをも厭《いと》ひなく行これを務め、仮令《たとえ》如何程《いかほど》深更に至るも必らず帰宅して両親達に安堵せしめよく怠りなく勤るにぞ。家内も自然和合し家政も次第に富みて、今は何に不足なき身分となりし由。且つ一村の帰依する処より此頃同郡第廿一学区の学務委員に撰挙せられたれば村民は其人を得たりとて大に歓びあへりとぞ。奇特なる人と云ふべし。

同年七月十一日

○〔少年の亀鑑〕

南秋田郡男鹿黒沢村農加藤善四郎長男又吉（十九）なるものと同村石川伝之助弟寅吉（十六）との両人は心性最と優さしく且つ深く読書を好み、朝には鶏鳴より起き日没まで孳々《じじ》として田畑を耕耘し一寸の暇さへあれば田の畔、畠の傍に座して諸軍記などを読み、晩餐の後は該地の学校に至り教員某に就て此の夏夜の短きをも厭《いと》はず十二時頃まで論語抔《など》を講じ、専心勉強し居るとは実に少年輩《ともがら》の亀鑑と云ふべきものなりと同地の人が噺し居る由。

同年七月三十日

○〔鯡の豊漁〕

本年男鹿より北海道へ出稼に行きし南秋田郡北平沢村石垣與十郎の福與丸と黒崎村石川重兵衛の順福丸の一艘は北見国利尻郡ヲ子ワキ（鬼脇）村に於て鰊、合各六百石つゝ漁せしとの報道が此頃同家に達したるよし。但斯の如きは近年稀なる大漁なりとの事。

※ 図は福與丸の入港を伝える「客船帳」。新聞掲載の十八年後、能登国福浦港「佐渡屋」の記録である。積み荷は不明。図からして船型はスクーナー型風帆船と見られる。（参考『富木町史・続資料編』昭和五十一年）

同年七月三十日

○〔湯本温泉〕

男鹿湯本村の温泉は最も癩疾《らいしつ》を医《いや》するに功験ある由にて、現今入浴するもの夥多《かた》なりと。元来該村は田畑少なければ孰《いづ》れも浴者の宿を渡世として富裕に暮らし居ると云ふ。

同年八月二十七日

○〔松前出稼ぎの帰帆〕

男鹿辺より北海道へ出稼に行きし鯡捕船も、此頃月毎にツラホラ四、五艘つゝ帰帆する由。又松前地方は脚気病流行の由にて現に出稼ぎせし者にて該病に罹《かか》り、或は死し、或は治療中にて彼地へ残りしもの有りとか。

明治十六年（一八八三）八月三日

○〔男鹿通信〕

此般《しはん》、凶年並に疫病に斃れたる者の霊魂を吊《ちょう》せんとて、男鹿中の僧侶を集め無縁大供養をなし寒風山の上へ大石碑を建んとて発起者は目黒為助、佐藤政治、三浦伝四郎等の諸氏にて当時醵金《きょきん》し準備も整たるに付、旧七月一日、二日の両日に執行する由。実に盛んなることとなるべし。

例年、男鹿島より鯡捕りのため北海道へ赴くもの数十艘の組ありて近年尤も盛んになり、五百餘人つつも赴くようになりしが、本年も例の通り数多の船の赴きたる中に男鹿西黒沢村の石垣與十郎、石川重兵衛、加藤善四郎の三名は北海道北見国利尻島に於て鯡六百石位つゝ漁せし由にて、餘の組合に此しては一番の手柄なりとのこと。
男鹿湯本村、野村の辺へ山犬の来りて往来の人を悩まし、疵を被りし者もありて去月廿八日、猟師四人犬狩に出て山中を捜索し時々銃声の北浦邊までも聞へたり。

同年八月二十一日

○〔奇中の奇〕
天地事物の理は言瀬を似て罔《しいる》べからざるものあるに似たり。兼て聞く、男鹿真山神社の宝物なる龍面は慈覚大師の真作にして旱魃の時に雨乞するには此面を出し顔に被り、舞をなし祈祷すれば必ず其応《こたえ》ありて霊顕《れいけん》の新たなることは古来より言伝る所なりしが、本年五月より今日に至るまで雨降らず、田畑の水不足して万民の困難せしより真山神社に雨乞の儀を願ひ、古法の如く本月十日より十二日まで二夜三日の祈祷をなしたるに満願の日に当り午前八峙頃より九時頃まで天油然として雲を起し、沛《はい》然《ぜん》として雨を降すこと車軸の如くなりしかば、渇望の人民ハ大呼して歓声遠近に洋々たり。此久旱《きゅうかん》に当り一点の雨気もなき時に当り斯《かか》る奇偉の霊顕あるとは実に奇中の奇と云うふべしと投書がありたり。

同年九月十五日

○〔壓《おも》き御干渉〕
男鹿北浦村にては本年は豊作と云ひ、殊に春分に漁業の太利を得たればとて、此度同地の有志者相謀《はか》り日枝神社構内に於て三日間、女芝居を興行せんと某々の諸氏は其委員に撰ばれ俳優を激迎の為庁下に来りし跡にて、該地に名高き豪商某が町の総代人某を呼び寄せ言ひけるよう。風説によれハ本月七日より当地に於て芝居を興行する由に聞きつるが、そは結構のことなれとも足下も御承知の如く目下似て至急なる地方税や国税を役場に上納し兼ねて度々未納所分等の説諭を受るもの少なからず。斯《かか》る場合に芝居興行等のありもすれば折角上納せんと取り揃ひし金も転して芝居見物に消ひ尽して仕舞んと思惟《しゆい》し、村会議員とも相談して兼ねて村方に立て置きし村憲中に芝居興行致候事相成らずとの明文を新たに掲げたれば、此度の芝居興行は差止むることになるよう取計らひたきとの言を受け、某は斯くと委員に報じければ優勝劣敗の世の中なれば偵《ものみ》の有志者は豪家や総代人の仰せに只得も黙諾せしかと之れが損害要償をば請求せんと会議を開いて議決し、弥々《いよいよ》裁判所に持出さんとせしことを聞いて豪家某は青くなり、総代人某は役場に解職願を差し出しやら其結局は聞き漏らせしも近頃の大騒動にてありしと。壓ひ御干渉は往々こんな間違ひを仕出します。

※「名高き豪商某」とは田沼慶吉のことであろう。あえて名をふせたのは記者の善意か。記者は女芝居の興行に対して同情的である。世は不景気の最中である。

同年十二月四日

○〔鰊漁の嘆願〕

鰊の漁獲の遅きは何故にや。二、三十年このかた無きことなりとて古老等の話もあれど、全く漁獲の遅きが故にあらずして、先般本県より魚網の制限を布達されたるより漁民の困難一と方ならず。夫れゆえ今にに下さゞる訳にして、斯くては幾多漁民の生計上に差支ふることゆえ、在来の網にて漁業致したくやう御許可ありたき旨、此程男鹿村の人民より本県へ嘆願せんと目下協議中なりと。

同年十二月六日

○〔鰰魚聞〕

先日の紙上に本年鰰魚漁獲の遅きは、先般本県より網の制限を布達せられ在来の網を下すを能《あた》はず。夫れゆえ漁民の困難大方ならず。。男鹿全村漁民の生計を立ること能はざるに依り、在来の網にて漁猟することを得られんことを嘆願せんとて協議中の由を記せしが、男鹿人民の彌々嘆願の為め続々と県下に出掛けたるよし。鰰の漁獲なきは独り漁民の不幸のみならず、山間僻在の地の蔬菜の外、魚類と云ふものは鰰若しくは鰰の塩漬のみにして一尾千金と云の価格あるものなり。且つ山間僻在の農家のみならず大勢の人を使ふ家には是非蓄ひ置くものにて本年鰯の漁獲少なきに此上鰰の漁獲なきときは、農家の困難も大方ならざるべしと云ふ。

同年十二月七日

○〔鰰魚〕

鰰網の一件に付き嘆願者の続々県下に来りしことを掲げしが、左るにても漁獲の有りしにや、一昨日方よりハタハタ魚が市場に多く見へてその代価も太《はなは》た高直ならざるよし。嘆願者連はその願意聞き届けられずして昨日多分帰村せし由。

同年十二月二十四日

○〔北浦通信〕

役場は村の中央にありて組合八町一、村七なり。戸長は斎藤某にして筆生は三名、事務は随分繁多なり。・警察分署は借家なれども同処の名望家田沼慶吉氏が特志にて自費を以て新築献家せんとて目下着手中なるが、多分来る八月下旬迄に落成すべし。署長は大井繁氏にて詰合巡査は三名なる中に茂又平蔵氏は署長を補助し大に事務の整理に勉強せり。・学校は表町に有て鹿山学校と呼び生徒は百四五十名、内女生徒もありて教員の懇篤授業するより日々入校を請ふもの多し。校長は石井源太氏、訓導は大槻三蔵氏、助訓は五名孰《い》づれも生徒教育上に熱心にして、又学務委員は古仲清簾氏なり。養蚕家は十四、五戸。年々養蚕を製し外国に輸出する七八百枚。養蚕老家（戸長）斎藤氏は数年来の養蚕師なれば経験にも富み、養育の術にも亦《ま》た明かなり。鯡魚は随分幸ありて本年は村中に二、三千円の金が入りたるならん。昨今又た該魚の幸が沢山なり云々と同地よりの報道。

※　斎藤某＝斎藤正捧のこと。

明治二十二年（一八八九）九月十五日

○〔脚気患者全村に充《み》つ〕

南秋田郡男鹿地方にては昨今、脚気患者甚た多く過般北海道へ漁猟出稼の者卅二三人が便船にて帰村せしに四五人を除き其他は皆脚気患者にて帰村後は殆んと流行病の如き有様にて加茂村辺は戸数八十位にて人口百六七十名の内脚気患者八十名位なりと。

同年十月二十六日

○〔南秋田郡北浦村近況〕

当男鹿地方は道路険悪にして山阪《やまさか》多く腕車《わんしゃ》にて通行する如きは容易ならざる困難にして実に交通の不便甚しきより、当全島の人民はこれを遺憾のこととし大に感奮《かんぷん》する所ありて曩《さ》きに有志諸氏の協議を以て、昨年十二月中当地方五十ヶ村の連合村会を当北浦に開き議員諸氏の熱心と当時南秋田郡長土居の尽力に依りて本年より向ふ五ヶ年の継続事業として道路開通のことを議決せり。而して本年は北磯分村湯本境より、野村・北浦・相川を経て鮪川及潟西村角間境迄着手せしか九分通りは落成せり。尚ほ来廿三年度は瀧川村より船川其他に着々実行せらるる予定なり。而して竣工落成の上は車馬の通行も自在にして交通頻繁なるべく全島の隆盛期して待つへし。当北浦戸賀、及畠・加茂の諸村は、漁猟を業として糊口《ここう》するもの十中の八九にして年々三月頃より六月頃迄は漁猟出稼きの為め北海道に赴き何れも応分の利を獲《え》て帰村せしか本年の北海道場処表漁は甚不同にして随分大漁のものもありしか非常の薄漁にて収支償《つぐな》ふ能《あたわ》さる程の損害を受けたるもあり。殊に本年は如何なる不幸の年にや此等の出稼中、暴風激浪に遭ひ転覆難船等にて溺死せしもあり又た出稼先にて脚気病に罹《かか》るもの非常に多く、各漁船帰帆毎に脚気患者にあらさるものは殆んと稀にして何つれも九死一生の有様にて収支帰村する多し其惨状推《お》して知るへし。当北浦近村には政談演説の如きは更に絶無の有様にて只学術演説会は時々青年諸氏の催しあれとも是れ以て当春以来は更に此等の集会もなく物議囂々《ごうごう》たるの今日なれば寒村僻地と雖《いえ》とも演説会の催しあるに際し而かも人智の発達、文明の進歩を喚起する有益なる学術及政談演説会の催しなきは本村否社会の為め深く遺憾とする所なり将来、有為なる青年輩及有志者は演説会の如きは度々開会ありたきものなり。

※　腕車＝人力車のこと

※　土井南秋田郡長＝土井通豫。高知県出身、藩士。任期：明治二十一年（一八八八）より明治二十二年（一八八九）七月二十六日。

同年十月二十七日

○〔南秋田郡北浦村近況（承前）〕

當北浦及近村の地方は政治上に冷淡にして実行的運動を試むるものなく誠に政治上抔《など》には更に無頓着の有様なり。彼の国家の大問題なる條約改正論の如きも是非を論議するもの殆んと稀にして恬《てん》として顧みさるの色あり。畢竟《ひっきょう》道路の険悪にして交通の不便なるより外部の刺激なきに依るならん。然れとも近来は新聞紙の購買者頓《とみ》に増加し東京各新聞雑誌及魁新報等を閲《けみ》するもの多し。男鹿北磯村湯本温泉は天然湯にして殊に黴毒《ばいどく》患者に功験のあることは世人の知る所なりしか元来道路険悪にして県庁下を去る僅かに十五里なれとも通行の不便なるより浴客少なりしが近来道路の開通も落成せんとする有様なれば将来は多少隆盛に赴くへし。尚ほ土居氏南秋田郡長在職中、同温泉場に浴室の便利を謀り倶楽部を設立せんとの議も起り株金の募集に着手中の由に聞きしか郡長更迭後は如何なりしや何の沙汰もなし。黒川南秋田郡長には細井郡書記を随《したが》へ當全島各役場事務視察の為め船川より瀧川役場の視察を終え去る十六日當北浦に来着、田沼氏方に一泊し同村役場視察の上翌日戸賀村に向け出港され同村へ一泊の上帰路當北浦を経て潟西村に一泊同村役場視察の上帰庁されたりと。當時鹿山小学校は目下生徒二百五六十名にして校長古仲清廉氏は生徒に対する茲母の赤子に於けるが如く及教員諸氏の孜々《しし》として生徒を薫陶するより父兄等は何つれも悦び居れり。當村役場は十ケ村の管轄にして新町村制実施後未た日浅く殊に従来より管理区域村も多ければ目下事務頗《すこぶ》る繁忙なり。南秋田河辺郡立病院北浦出張所詰医、伊藤悌蔵氏は赴任以来患者に接するに親切鄭重なるより大に信用を得、殊の外評判よく従来水薬嫌ひの田舎人も近来は漢薬抔《など》ては何病にても全治せぬ抔と何つれも病院の診察を受け治療服薬するもの多し。商況は本年鰊の薄漁なるか為め何分渉々敷《はかばかしき》取引もなく兎角《とかく》不振の有様なり。漁況は目下鮭漁の季節なれば先月下旬より卸網捕獲に着手せしに此頃は弗々《ぼつぼつ》漁獲もあり値段は大一尾七八十銭次四五十銭なり。(完)

※ 黒川南秋田郡長＝黒川春造。茨城県出身、藩士。任期：明治二十二年（一八八九）七月二十六日より明治二十六年（一八九三）十二月二十二日。

明治二十三年（一八九〇）十月九日

○〔秋田県現住人口表（昨廿二年十二月三十一日人口調）〕

本法は昨二十二年十二月三十一日、市町村現住人口調より成り本月六日内務省告示第三十四号を以て告示されたる確実なる最近の統計なり人口の増減は国勢に関する者なれば茲《ここ》に掲げて読者に示す。

秋田市		二九、〇六九
●南秋田郡		
町名　土崎港		一一、七〇八
村名　川尻		一、六七一
寺内		二、四三五
廣山田		二、八六八
太平		三、一二八
上旭川		一、四六一
下旭川		二、一五九
外旭川		一、九一三
飯島		一、八一五
下新城		二、九五一
上新城		一、七〇七
金足		三、五八四
六久保		三、六九三
豐川		一、五九〇
下井河		二、七二九
上井河		二、〇四六
大川		一、八五九
一日市		一、七八一
面潟		三、二一三
馬川		一、二二二
五十目		四、二八四
馬場目		二、三三一
富津內		二、〇八二
內川	●	一、六四三
天王	●	四、三三九
船越	●	二、一三三
拂戸	●	二、二一九
脇本	●	四、三六九
船川	●	三、一八六
南磯分	●	二、六九〇
戸賀	●	一、九五九
北磯分	●	四、七七六
男鹿中	●	一、八三九
五里合		二、四二九
潟西		三、六七六
飯田川		二、九二三

※　秋田市・南秋田郡のみ掲載し、他郡町村は割愛。●印は現男鹿市。

同年十一月二日

○〔秋田県各郡大地主〕

地価・地所・族籍・職業・年齢・姓名を精査して調整せる一表、審理館月報・第五号の附録となりて出つ、此は本県郡制取調委員なる青木・大庭・小山三氏の校閲を経たるものなりと云へば精確なること推知す可し。今附録に就《つ》き大地主の住所・姓名・族籍・職業を左に抜記す。但し詳細を知らんとせば月報に拠る可し。

※　他郡は割愛して南秋田郡のみ掲載。●印は男鹿関係者。

●南秋田郡（計二十六人）　土崎港永覚町平民商近江谷榮治○仝平民商松本與右衛門○上旭川村添川平民農荻原勘右衛門○下新城村笠岡平民農金澤松右衛門○金足村小泉士族奈良茂○仝村里川平民農三浦貞治○仝村小泉平民農奈良恒助○大久保村平民農舘岡新三郎○仝平民農櫻庭庄左衛門○飯田村飯塚平民農一田是儀○大川村大川平民農木村松助○面潟村小池平民農千歳平三郎○五十目村平民無職業渡部綱松○仝平民商宮田乙松○仝平民商北嶋條吉○面潟村眞坂平民農佐藤四兵衛○仝樋口士族農渡邊祐藏○馬場目村平民農小玉彌左エ門●男鹿村瀧川士族目黒彌助●北磯分村北浦平民商田沼慶吉●仝村相川平民農小林猪助●五里合村箱井平民農佐々木喜平治●潟西村野石平民農佐藤新三郎●拂戸村拂戸平民商海道由松●仝平民農三村慶治

同年十二月四日

去月二十九日午前三時、南秋田郡北磯分村字相川海岸に於て同村・本川三蔵外四名乗込船は難風の為め破船して三浦万蔵なる者は辛くも助かりしも残り三名は悉《ことごと》く溺死せし由。

同年十二月十一日

○〔死屍漂着〕

去月二十九日南秋田郡北磯分村字相川沖にて漁業中暴風に逢ひ漁夫三名溺死したる事は當時の紙上に掲載せしが右三名の内、同郡男鹿中村字浜間口村・佐沢竹蔵（二十四年）の死体は去五日、同郡相川の内、小字冷水と云ふ処に漂着せし趣、昨日其筋に届出ありたり。

明治二十五年（一八九二）三月十六日

○〔湯本村温泉場の近況〕

南秋田郡男鹿島湯本村の温泉は元よりその効験の著るしき事なるが昨年該島の有力者が醵金《きょきん》して該村へ暢神館なるものを建築して入浴者の為め便益を計りし以来常に三四十名の浴客は絶えず宿泊しつつありしが近頃は風候の悪しき為めに北海道行の和船が四百五十余艘ほと同島戸賀の港に滞泊し居たる其の衆組の中より日々二百名位つつ入湯に来る為めに同館は非常に繁昌する由なり。館主寺坂嘉助が扱ひ方の宜しく料理等も丁寧なりと同地より入湯帰りの人の咄《はな》しなり。斯く繁昌する為に該館も手狭を感し今一棟の客舎を建設する積りにて四月初旬を期し盛大なる開場式を執行すると云う。

同年四月二十四日

○〔田沼氏の熱心・磯村の美挙〕

男鹿南北両磯村は、常に漁業を以て生活の途に充《あ》て居れり。中就《なかんづく》鰰鰊漁は其の重なるものとす。然るに北磯村の如きは明治二十一年より二十三年までは引続き鰰鰊は薄漁にて漁業者は殆んと糊口に難するより各其業を転して之に生活の途《みち》を求めんとする有様にて漁業は日々に衰頽《すいたい》するに至れり。是に於てか兼て事業に熱心の名ある田沼慶吉は是れら救済の策を講せんと激浪暴波を意とせす決然北海道に漫遊し親しく漁業者の状況を視察中、同年九月中の大風にて漁業は勿論、農事は非常の風害を受け加ふるに鰊鯟は不漁なるを以て村民は一層困難を極め目下糊口に苦む者、若干今にして是れら救済の策を講せずんは再び挽回の道なき趣きを以て頻《しき》りに役場員初め村内有志よりの報道に接せり。同氏は事業上に於ては多年の経験あるを以て斯《か》かる惨状を極むるに至りたるは必竟《ひっきょう》、漁業は年々不漁なるものに非らずと當業者の安心せしより一、二年不漁を見るに至れば忽ち糊口に困難を極むるなり。故に此際一村を挙《あげ》て馬鈴薯を毎戸壱反歩以上、蒔立てたらんには仮令《たとえ》一、二度の不漁不作に遇《あ》ふとも決して糊口に難することなし。亦、衰頽《すいたい》せる漁業も挽回するに容易ならんと確信し直《すぐ》に歩《あゆみ》を転して札幌に至り、元秋田県人・村岡治右衛門・田中善吉・渡部三造等に依頼し薯種千五百俵を予約して同年十二月中帰県の途に上《の》ほれり。然るに其惨憺《さんたん》たる実況は北海道にて想像せしより一層の大困難なるを以て直《ただち》に村会議員及村内有志へ右計画の次第を協議せしに一同に大賛成の意を表せり尚ほ同氏は毎戸に就き馬鈴薯の調理方法を語り直に電報を以て札幌に薯種千五百俵を注文せり。然るに該品代価及運搬費共九百余円の金員困難の今日に際し如何共各戸其支弁に苦むより田沼氏は前計画の趣意を述べ黒川南秋田郡長に年賦を以て一時金拝借致度に付、其筋へ稟議《りんぎ》ありたき趣、出頭に及ひたるも県庁に於ては他に支出すへき項目なきを以て右願書は却下せられたり。黒川郡長には田沼氏の鋭意熱心に計画せし事業の徒《いたずら》に水泡に帰するを惜み態々《しばしば》、北磯村湯本倶楽部に出頭、全員中最も漁業の盛なる北磯戸賀両村の村会議員及有志を招集し該品蒔立及収穫の方法等を懇篤に勧諭し漁業者に於ては是非蒔立置くへきことを奨励したるに依り村民は一層感奮《かんぷん》、猶《な》ほ五百俵増して都合二千俵とすることに協議を遂けたり。依て該品代価及運搬費共一時田沼氏外一名にて立替ひ、本年より愈々《いよいよ》実行することに相談調《ととの》ひたり。茲《ここ》に幸ひ小樽塩田回漕店支配人酒井庄七は、田沼氏と懇意の間柄より同氏は今回の計画せし次第を語り運賃を廉《れん》にして北浦揚け特別取扱を依頼せし所、帰樽の上船主に計り依頼に応する様、取斗《とりはから》ふことを約せり。而して該品は本日中に札幌にて引配をなし汽車にて小樽に運搬し該地より直に汽船高島丸に搭載、北浦へ運搬する都合の由。思ひ起こせは昨年九月の大風害は独り北浦辺に止まらず管内は勿論、全国中其害を蒙らさるは僅々《きんきん》三、四県のみ、為めに農家の困難は実に名状すへからさる惨況にてありき年に豊凶ある人力の得て如何んとも致し方なき次第なれば農家は予《あらかじ》め其備ひを設け置くは當然なり。今や南秋田郡北磯村に於て早くも茲に着眼せられたるは大に感服する所なり願はくは管内各村に於ても速かに右等の計画ありたきものなり云々彼地より通信の儘《まま》。

同年五月十二日

○〔出火〕

去る六日午前二時、南秋田郡北磯村北浦・某方より発火、建家五十四戸、巡査駐在所一棟、小屋八棟、半焼一戸焼失、同六時鎮火せり原因は失火なりと。

明治二十六年（一八九三）三月二十九日

○〔南秋田郡北磯村概況〕

北磯村は、旧北浦九ヶ村と一町の合村にして戸数は七百余戸人口五千百余人、東西四里、南北一里余にして男鹿半島中の巨村なり。役場は北浦にあり昨年の新築にして郡内屈指の構造なりと云ふ。村長は名誉職の為か欠勤勝《がち》なりと云ふ。助役二名其の他の職員は折合能く事務に勉励なるを以て諸事渋滞することなし。本村に最高は収入役の月給と炭なり　最も安きは役場学校の小使給料と鶏卵と魚類なり。村長及助役は本年満期に付撰挙会を開きしに村長は斎藤正搼、助役には古仲和平（再撰）の両氏当選せり

村民は挙《こぞっ》て村長の就任承諾を希望し居れり。駐在所のことは別に評なり（し）。只速《すみや》に分署の設置を望み居るのみ。学校は北磯・畠・西黒沢・安全寺の四校あり其の中の最も大なる者は北磯学校にして北浦表町にあり三百余名の生徒あり今般高等科を設置することに議決せるを以て出願中なりと云ふ。議員は勉強なり高等科併置の認可を得たる上は右兼務の校長を置かさるへからす其の人を得るに付ては種々の評判あり。病院出張所は又北浦表町にあり　出張医深井伝五郎氏は患者に接する懇篤なるを以て村民の信頼を博せり　同氏客年出張以来、薬価は一月四十円余の収入なりと云ふ　同氏の勉励以て知るへし。北辰青年会は今度《こたび》規則を更正して毎月三回となし活発にして将来頼母《たのも》しき会なり。湯本温泉は北浦を距《さ》る二十余丁目下、浴客は沢山にして暢神館為に忙《いそか》はし。村民は昨今鯡の漁業に多忙なり。本月二十四日より本村外四ヶ村の勧農会を役場楼上に開設し居るも会員は不寄《ふより》のよし。商況は鯡の漁季に付景気能《よ》く米は一石五円二三十銭に昇降せり北州・北門・加賀の三号は代り〳〵北浦に入港して北海道出稼者及ひ貨物を積載せり。

同年五月五日

○〔男鹿北浦大火〕

南秋田郡北磯村字北浦大火事の事は前号に報道せし如なるが去二日午後三時頃、北磯村字北浦・某より出火折節非常の暴風にて見る〳〵火の手四方に拡がり戸数百九戸、土蔵・納屋合して五十棟、漁船十艘を焼尽し同五時頃漸《ようや》く鎮火せり、原因は未だ詳らかならされど聞く所に依れは家族不在中、子供等の悪戯より起りたるものなりと云ふ、幸に人畜等には異状なしと尚詳細は次報を待て報せん。

○〔立除場《たちのきじょう》・学校休業〕

別項、大火に付き寺院・小学校等を以て一時罹災者の立除場に充てたるを以て當分、小学校を休業されたり。

同年五月七日

※ 大火に際して見舞者への御礼広告が同文・同名で九、十、十一、十二日にわたり掲載された。

同年五月十日

※ 義捐人名からして安全寺地区の人々であり、総勢三十九名、総額六円四十八銭であった。

昨日類焼ノ際迅速御見舞ヲ蒙リ奉厚謝候混雑中尊名伺漏レモ可有之候間乍略儀新紙ヲ籍リ茲ニ謹謝ス

五月三日

南秋田郡北磯村北浦

古仲清廉

本月二日類焼ノ節ハ早速御驅付被下難有奉謝候混雑中尊名伺洩レモ可有之候ニ付新聞紙上ヲ以テ御禮申上候

南秋田郡北磯村北浦

古仲和平

本月二日類焼之節ハ態々御尋ニ預リ難有奉多謝候早速參上御答禮可申上之處彼是混雑之爲メ乍失禮新紙ヲ以テ不取敢御禮奉申上候也

南秋田郡北磯村北浦

明治廿六年五月五日

田沼慶吉

田沼艮吉

南秋田郡北磯村北浦火災ニ付義捐人名

一金五拾錢 小林善松
一金五拾錢 安田清松
一金五拾錢 安田三五郎
一金三拾錢 安田善左衛門
一金三拾錢 安田貞吉
一金拾五錢 安田東治郎
一金拾錢 安田彌市
一金拾錢 安田兵藏
一金拾錢 眞壁宇助
一金拾錢 安田與惣吉
一金拾錢 眞壁與市
一金拾錢 眞壁熊藏
一金拾錢 安田丹市
一金拾錢 谷口重一郎
一金拾錢 谷口彌惣治
一金五錢 安田乙吉
一金三錢 佐藤善五郎
一金三拾錢 安田文治
一金五錢 柴山藏吉
一金五錢 安田庄治郎
一金五拾錢 安田兵吉
一金五拾錢 眞壁嚴吉
一金三拾錢 安田德右衛門
一金三拾錢 安田三太郎
一金拾五錢 安田理亮
一金拾錢 安田善之助
一金拾錢 安田寅吉
一金拾錢 安田茂吉
一金拾錢 安田松右衛門
一金拾錢 安田富吉
一金拾錢 安田善治
一金拾錢 眞壁留吉
一金拾錢 眞壁清治郎
一金拾錢 安田狩松
一金五錢 安田佐治衛門
一金三錢 安田清吉
一金貳錢 小林熊五郎
一金五錢 小林淺吉
一金五錢 安田善松

五月

南秋田郡北磯村役場

一金參圓 南秋田郡土崎港町田代廉君

右ハ本月二日管下北浦出火ノ際羅災貧窮者ヘ御惠與相成候ヲ謝ス

明治廿六年五月六日

南秋田郡北磯村役場

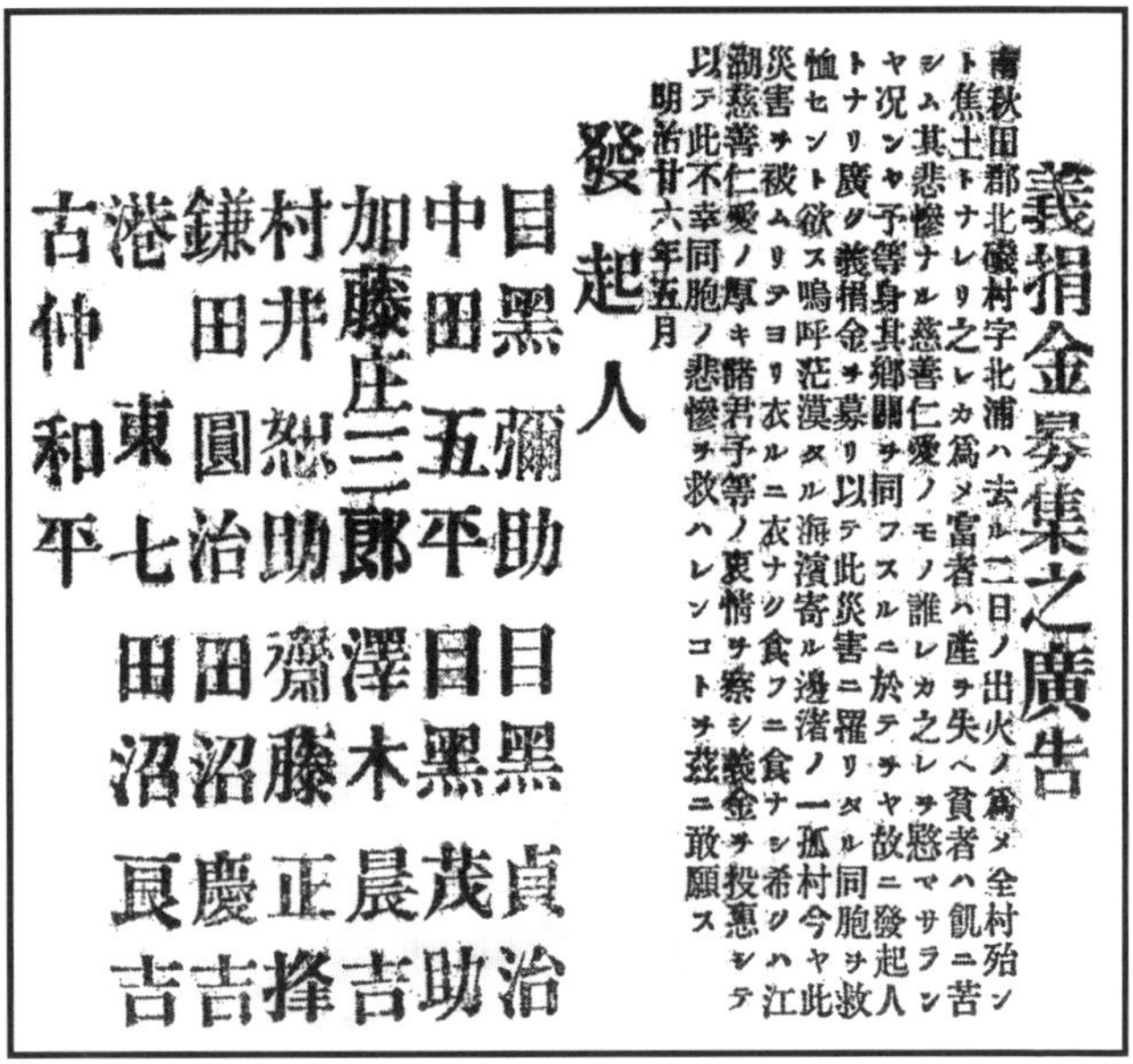

義捐金募集之廣告

南秋田郡北磯村字北浦ハ去ル二日ノ出火ノ爲メ全村殆ント焦土トナレリ之レカ爲メ富者ハ産ヲ失ヘ貧者ハ飢ニ苦シム其悲慘ナル慈善仁愛ノモノ誰レカ之レヲ懸マサランヤ況ンヤ予等身其鄕關ヲ同フスルニ於テヲヤ故ニ發起人トナリ廣ク義捐金ヲ募リ以テ此災害ニ罹リタル同胞ヲ救恤セント欲ス嗚呼茫漠タル海濱寄ル邊渚ノ一孤村今ヤ此災害ヲ被ムリテヨリ衣ルニ衣ナク食フニ食ナシ希クハ江湖慈善仁愛ノ厚キ諸君子等ノ衷情ヲ察シ義金ヲ投恵シテ以テ此不幸同胞ノ悲慘ヲ救ハレンコトヲ茲ニ敢願ス

明治廿六年五月

發起人

目黑彌助　目黑貞治
中田五平　目黑茂助
加藤庄三郎　澤木晨吉
村井恕助　齋藤正捀
鎌田圓治　田沼慶吉
港東七　田沼良吉
古仲和平

同年五月二十四日

※　大火以来、二十日以上も経てから遅れ馳せながらもようやく新聞を通じて被災者に対しての義捐金を募る記事が掲載された。紙面末には救済に立ち上がった発起人が名を連ねている。その発起人となった有志者を簡略ながら」紹介してみたい。（氏名は順不同、職歴は明治二十二年四月一日の市制町村制施行以後のものである）

男鹿中村　目黒貞治―県会議員を務めその後、衆議院議員
　　　　　目黒茂助―男鹿中村第二代目村長
　　　　　目黒弥助―男鹿中村第三代目村長
払戸村　中田五平―払戸村初代村長
脇本村　加藤庄三郎―前脇本戸長、後脇本村初代村長
五里合村　村井恕助―五里合村第二代目村長
船川村　沢木晨吉―前船川村戸長、船川村初代村長を経て初代船川港町々長
北浦村　田沼慶吉―北磯分村、北磯村の初代村長、北磯村三代目村長を経て、北浦町第二代目町長
　　　　斎藤正捀―前北浦村戸長、北磯村第二代目村長

古仲和平—北磯村助役、郡会議員　田沼良吉—経営者
鎌田圓治—北磯村々長を経て初代北浦町々長　湊　東七—北浦町第三代目町長
（「歴代　秋田県公人録」大正四年刊を参考）

同年五月二十九日

○〔第二回郡連合海産品評会　褒賞授与者姓名〕
前項記したる海産品評会に於て褒賞授与されたる人は左の如し。
（●は男鹿の受賞者—以下同様）

物名	郡町村名	人名
身欠鯡	山本郡八森村	伊勢卯之松
●鯡鮓	南秋田郡北磯村	石垣竹松
乾鰑	由利郡金浦村	桐田長之吉
（以上一等賞三ツ組木杯）		
鰰乾鰯	河邊郡新屋村	大塚勇助
鯡の噌漬	山本郡八森村	須藤三四郎
●身欠鯡	南秋田郡北磯村	田沼慶吉
乾鰛	由利郡下濱村	小野七藏
鯡鮓	南秋田郡船川村	近藤金藏
●身欠鯡	南秋田郡北磯村	大谷文五郎
（以上二等賞木杯一ケ）		

山本郡八森村鈴木理吉、南秋田郡北磯村石垣竹松、山本郡八森村佐々木喜之助、南秋田郡北磯村古仲禎作、河邊郡新屋村若杉多吉、山本郡八森村大和權三郎、由利郡平澤村舛村右之助、南秋田郡北磯村石垣乙松、由利郡平澤村阿部儀右衛門、武田健治、河邊郡新屋村若杉吉郎、南秋田郡船川村加藤伊助、南秋田郡北磯村古仲和平（以上三等賞木杯一箇）以下四等二十四人（木杯一箇　五等四十九人

※　右の内三等の男鹿受賞者は、北磯村・石垣竹松、古仲禎作、石垣乙松、古仲和平、船川村・加藤伊助

◎海産品評會受賞者人名　（承前）

四等木杯一ヶ

	四等	干鰛	河邊郡濱田村	相原卯吉
	仝	鯡メ粕	山本郡濱口村	牧野榮治
	仝	砂干鰛	河邊郡新屋村	渡邊多吉
	仝	食鹽	由利郡道川村	今野七藏
	仝	胴鯡	山本郡八森村	須藤佐五右衛門
●	仝	鹽積鯡	南秋田郡北磯村	田沼信之助
	仝	鯡搾粕	山本郡濱口村	堀田藏吉
	仝	鹽鰛	由利郡平澤村	横山久四郎
	仝	干鰛	河邊郡新屋村	渡邊吉之助
	仝	食鹽	河邊郡新屋村	横山源三郎
	仝	鹽鰛	河邊郡濱田村	瀧田平右衛門
	仝	干鰈	由利郡下濱村	伊藤彌治右衛門
	仝	乾鰯	南秋田郡下新城村	三井甚吉
●	仝	味噌漬鱵	南秋田郡北磯村	田沼良吉
●	仝	白魚目刺	南秋田郡船越村	太田政光
●	仝	鯑鯡	南秋田郡船川村	澤木晨吉
	仝	鯡鯑	山本郡八森村	須藤三四郎
●	仝	身欠鯡	南秋田郡北磯村	石垣竹松
●	仝	身欠鯡	南秋田郡北磯村	石垣乙松
	仝	鹽鰛	由利郡平澤村	横山久四郎
	仝	乾鰈	由利郡三森村	舛村石之助
●	仝	乾鯡	南秋田郡船川村	佐藤五三郎
●	仝	鯡鯑	南秋田郡北磯村	古仲和兵衛
●	仝	乾數の子	南秋田郡戸賀村	鎌田政治

同年六月一日

※　品評会は五月二十二日から二十八日まで、南秋田郡土崎港町小学校を会場にして開催された。期間中、花火打上げ、軽気球上げ、端艇競争などのアトラクション、会場内の二つの門の飾り付けなどは、土崎港町民の寄附によるものだった。

同年六月二日（次頁）

※　明治二十五年（一八九二）五月二十九日から六月二日にかけて載った、四郡連合海産品評会褒賞授与者の記事である。因みに四郡とは、由利・河辺・南秋田・山本の各郡である。この沿岸四郡で生産された海産品・漁撈具の改良の向上を図り、県産品の拡張を企画した品評会であった。第一回は明治二十四年（一八九一）に由利郡本荘町、第二回が南秋田郡土崎港町を会場にして行われた。

◎海産品評會受賞者人名《かいさんひんぺうくわいじゆしやうしやじんめい》（承前《ぜん》）

五等木杯一個

●	五等	鰤目刺	南秋田郡南磯村	佐藤多吉
	仝	塩漬乾鱈	由利郡金浦村	三浦平吉
	仝	乾開鱈	由利郡西目村	佐々木與左衛門
●	仝	寒天	南秋田郡船越村	太田　衛
	仝	鮫永	由利郡本庄町	長原惣左衛門
	仝	背割鯡	山本郡八森村	富岡泰治
	仝	鯡薫製	山本郡岩館村	秋日僧鎧
	仝	背割鯡	山本郡岩館村	須藤忠五郎
●	仝	鰤塩辛	南秋田郡北磯村	渡邊平吉
●	仝	鰤漬辛	南秋田郡北磯村	村井恕助
●	仝	イサヽ佃煮	南秋田郡船越村	太田政光
●	仝	鱈醤油	南秋田郡船越村	沼山貞吉
●	仝	鰤醤油	南秋田郡北磯村	泉三五兵衛
●	仝	鯡味噌漬	南秋田郡北磯村	菅原直清
●	仝	塩漬鯡	南秋田郡北磯村	加藤清道
●	仝	鰤塩辛	南秋田郡北磯村	鎌田圓治
●	仝	塩鯡	南秋田郡戸賀村	伊藤德三郎
●	仝	鯡塩辛	南秋田郡戸賀村	鎌田五郎兵衛
	仝	大鰮	由利郡平澤村	佐藤長治郎
	仝	大鰮	由利郡平澤村	宮崎嘉太郎
	仝	鰮塩汁	山本郡淺内村	野呂田喜久藏
	仝	塩蔵鰮	山本郡八森村	丸山文治
●	仝	鯡塩引	南秋田郡北磯村	古仲良助
	仝	塩蔵鰮	河邊郡濱田村	相原甚六
	仝	魚醤	河邊郡濱田村	相原忠治

	仝	鰤乾鰕	河邊郡濱田村	今野熊吉
●	仝	乾クロモ	南秋田郡北磯村	檜山又兵衛
●	仝	石花菜	南秋田郡南磯村	菅原清松
●	仝	海虫鼠	南秋田郡北磯村	田沼信之助
●	仝	鯡鯑	南秋田郡北磯村	田沼良吉
	仝	鯡外割	山本郡岩館村	鈴木理吉
	仝	大目乾鰮	河邊郡濱田村	相原卯吉
●	仝	鯡三年漬	南秋田郡北磯村	田沼ミノ
●	仝	塩鯡鯑	南秋田郡北磯村	加藤佐市
	仝	鯡塩漬	山本郡岩館村	鈴木理吉
	仝	塩蔵鰮	河邊郡濱田村	相原卯吉
	仝	拼蔵鰮	河邊郡濱田村	相原忠治
	仝	塩蔵鰮	河邊郡新屋村	若杉多吉
	仝	鰮乾鰕	由利郡道川村	今野七藏
	仝	鯡粕	山本郡岩館村	佐々木善之助
●	仝	礒草	南秋田郡船越村	太田政光
●	仝	晒石花菜	南秋田郡船川村	近藤金藏
●	仝	礒草	南秋田郡南磯村	船木三十郎
●	仝	礒草	南秋田郡北磯村	田沼ツチ
●	仝	石花菜	南秋田郡戸賀村	相原之喜助
●	仝	石花菜	南秋田郡戸賀村	三浦佐吉
●	仝	礒草	南秋田郡北磯村	佐藤源三郎
	仝	石花菜	由利郡金浦村	升村石之助
	仝	海苔	由利郡平澤村	横山久四郎

明治二十七年（一八九四）四月十八日

○〔南秋北磯村概況〕

鯡　北浦・相川・野村の三ヶ処は去る一日より三日間の大漁にて漁獲大略五、六万円なりと云ふ目下一尾一厘二三毛余り安値のため売払ひたる残り干上げ三ヶ処《さいちゅう》の人気是れか為め春花の競ふて笑を含める如くに引更《ひきか》へて畠・西黒沢の二ヶ処は近年稀なる不漁なり。黄鳥山鳩は二十日以前より聞きたり最早や珍しくもなし　野生の青物同様市に上れり　梅は両日前よりポツ〳〵綻び今二三日には満開を見るべし　吉野朱梅も余程紅唇を催せり。役場は鯡に依り多忙の為か人民の詰居るを見す。去月九日御結婚式の酒撰料の下賜金は去る五日郡書記當役場に出張し戸賀・男鹿中の二ヶ役場部内の高齢者を招集し下賜されたり　判任官待遇者及県社祠官への下賜金は各村長の手を経て夫れ〳〵下賜せられたりと。

北磯・畠・西黒沢・安全寺の四枚ありと雖とも其の道に不案内なれば記すること出来す乍去《さりながら》話を聞けば其の内評判もよからぬ先生もあるよし何れの校の先生にや。警察分署は一月頃は部内の遺漏人調に繁《さかん》なる様に見受けられたれとも現今は為差《さしたる》事故もなきよし　矢田巡査部長は人民に接する懇篤なるよしにて署員中の人望家なり。登記所は鯡漁季の為か閑《ひま》なり。北浦郵便局は月々年々繁《さかん》なるよし。電信局談は昨今、野火の烟《けむり》と共に消しにや評判なし。頼母敷《たのもしき》青年会も鯡漁季の為休会し居れり。目黒代議士先生は過日何か御取調の為歟《ためか》来浦、某家に立寄、夫より湯本暢神館に至り御手内の有力の人々を招き一夜何か御話ありたると例の済世的議論には無之耶《これなきや》。

湯本暢神館は此頃大に浴室を増せり。客春北浦大火の節、処々より義捐金あるたるよしなれども罹

災者に未た配當せさるよし目黒様の心配にて拂下になりたる家屋建築木も同様なりと

明治三十年（一八九七）十一月二十八日

○〔船川株式会社の設立〕

南秋田郡船川港町、沢木晨吉同男鹿中村目黒弥助、北浦の田沼慶吉氏等発起して予《かね》て其筋に免許申請中なる船川株式会社は此頃、設立免許を得たるよし　同会社の目的は、一海上運送の事（但し航路は北海道函館・小樽・宗谷間の諸港を航行するものとす）

一、北海道出稼人中雇入に関する事を取扱ふ由にて資本金を五万円とし之を千株と定め一株の金高五十円とせり而も資本金使用の概算は左の如し

一金　二百円　創立諸費

一金　八百円　会社建造費

一金　四万八千円　営業資金

※　この記事に出てくる三人はいずれも明治時代の男鹿半島を代表する大地主と言われた人達である。ここで記載の三人を含め当時の男鹿半島にあって大地主と言われた人達の名前程度を知っておくのも何かの参考になると思いましたので、手元資料から抜粋整理して表にしてみました。この外にも中・小規模の地主も相当多くおりましたが、紙面の関係上ここでは割愛しています。また表示されている金額はあくまで所有する宅地・田・畑などに対する当時の地価評価額です。

明治十六年　秋田管内地価金一万円以上処有者（男鹿地域）

①南秋田郡瀧川村	目黒為助	二万六百十四円
②〃野石村	佐藤新三郎	一万四千八十七円
③〃北浦村	田沼慶吉	一万二千四百円

明治二十三年　秋田管内大地主名鑑　南秋田郡大地主（地価金六千円マテノ所有者）

①オカナカ	目黒弥助	三万二千四十円
③フット	三村慶助	一万五千円
⑤フナカワ	沢木駒吉 沢木晨吉	一万四千四百円
⑦北イソワケ	田沼慶吉	一万二千九百六十円
⑨イリアイ	薄田太三郎	九千六百四十円
⑪北イソワケ	小林猪助	八千三百四十円
⑬フナコシ	西村愛治	七千三百六十円
⑮カタニシ	大渕平治	六千六百円
②フット	渡部景基	二万五千四百八十円
④フット	海道由松	一万四千九百二十円
⑥カタニシ	佐藤新三郎	一万四千四十円
⑧イリアイ	佐々木喜平治	一万五百六十円
⑩フナコシ	西村丈夫	九千円
⑫フット	中田五平	八千百六十円
⑭北イソワケ	斎藤正捀	六千三百六十円
⑯ワキモト	加藤庄三郎	六千三百二十円

明治三十一年　秋田県多額納税者 及 大地主（地価額ヲ示ス）

①男鹿中村	目黒弥助	三万五千七百九十一円余
③払戸村	海道由松	二万三十六円余
⑤野石村	佐藤新三郎	一万六千三百六十三円余
⑦船川港町	沢木晨吉	一万一千二十八円余
②五里合村	佐々木利吉	二万七百八十七円余
④払戸村	三村慶治	一万八千六円余
⑥北磯村	田沼慶吉	一万五千五百九十円余
⑧北磯村	小林猪助	一万四十二円余

（郡道府県別　資産家地主総覧（秋田編）より参考）

明治三十三年（一九〇〇）九月十四日

●南秋田郡現住戸口（明治三十三年十二月三十日）

市町村	本籍人 男	本籍人 女	現住人 男	現住人 女	現在戸數
川尻村	八四一	八二九	八〇六	七九二	二六〇
寺内村	一、二七九	一、三七〇	一、二三四	一、三二八	四九五
廣山田村	一、五二〇	一、四七〇	一、二九九	一、三五四	四一三
太平村	一、八七一	一、六五九	一、八〇一	一、六四二	四九七
旭川村	一、九四五	一、八七五	一、八三一	一、八一〇	五三四
外旭川村	一、〇五五	一、〇四四	一、〇三六	一、〇四三	二九四
土崎港町	六、一一五	六、四六四	六、〇五五	六、三四九	二、〇七七
飯島村	一、〇二一	一、〇一五	九八七	一、〇〇八	二六三
下新城村	一、七二七	一、六五五	一、七〇一	一、六四八	五一五
上新城村	八八九	八三二	八八七	八三二	二四九
金足村	二、〇五九	一、九〇二	二、〇二七	一、八九六	五一七
大久保村	一、六四一	一、六二五	一、六〇七	一、六一一	四八六
飯田川村	一、七三五	一、六〇四	一、七一一	一、五九九	五二〇
豐川村	九三〇	八二七	九三九	八五九	二五六
下井河村	一、六二〇	一、四五〇	一、五四五	一、四二三	四〇九
上井河村	一、一八三	一、〇二七	一、一七七	一、〇二五	三一八
大川村	一、〇八二	一、〇〇〇	一、〇五五	九八七	二八〇
一日市村	一、一一一	一、〇〇七	一、〇八二	一、〇〇四	三三〇
面潟村	一、八九九	一、八〇六	一、八七三	一、八〇四	五〇三
五城目町	二、六二一	二、五九五	二、五五七	二、五二三	九八〇
馬川村	七〇六	六六六	七〇三	六七二	一八七
馬場目村	一、四〇八	一、二四三	一、三七九	一、二三一	三四八
富津内村	一、二八七	一、一七三	一、二九五	一、一五七	三四九
内川村	一、〇〇四	九六〇	九八八	九五六	二九六
天王村	二、六六三	二、五〇八	二、六一八	二、四九〇	七二一
●船越村	一、三〇七	一、二七二	一、二三三	一、二〇六	四二三
●拂戸村	一、三九六	一、三〇九	一、三八九	一、三一〇	三五四
●脇本村	二、六六一	二、四九八	二、六一九	二、五〇五	六八四
●船川港町	二、一三〇	一、九五〇	二、一九三	二、〇五一	五二一
●南磯村	一、六八一	一、五七三	一、六六四	一、五七四	三八九
●戸賀村	一、二〇一	一、二四五	一、二〇九	一、二五〇	三〇九
●北磯村	三、〇四五	三、〇二三	三、〇三三	三、〇三三	七三八
●男鹿中村	一、一五五	一、〇七六	一、一四七	一、〇九四	二五三
●五里合村	一、四八一	一、四一三	一、四六五	一、四〇三	三五一
●潟西村	二、二四一	二、〇六五	二、一七七	二、〇四三	五六二
計	五九、五一〇	五七、〇三〇	五八、八二八	五六、五一三	一六、六八一

（●印は男鹿市）

明治三十四年（一九〇一）十一月二日

○〔南秋北浦たより〕

米作は各村落共刈上を終りたるが例年より四割増収の見込なり。鰯及鮭漁の季節なれとも不漁なり鮭は北海道より入港しつつあり。本郡は到る処赤痢病猖獗《しょうけつ》を極めつつあるか本村には未《いま》た一名の患者も発生せす畢竟《ひっきょう》村民一般の衛生思想の発達せる為めならん。役場は村長鎌田圓次氏以下事務熱心なり　助役福田氏辞任後欠員中なりしか此頃、漸《ようや》く候補者定まれり　選挙施行日は未定なれとも選挙の暁《あかつき》には反対の候補者も顕《あらわ》れん。當村尋常高等小学校の生徒合して男女六百名あり　校長鷲野運吉氏は教育上熱心にして数年間本校に奉職し父兄の信用を得生徒を子弟篤実に取扱う　されと肝腎の学校は狭隘《きょうあい》なるを以て尋常四学生徒をは元日枝神社にて授業し居れるか実に桁息《こうそく》不完全極まるものにて土台腐れ敷板敗れ風雨の日などは休業の外なし　一日も早く校舎の新築を望む。過日開会せる村会に於て北磯村を北浦町と改称することに決議し目下出願中なり。當村道路の悪しきには実に閉口なり　表町を除く外は凹凸又は屈曲甚たしく市街の体面上宜しからす。警察分署には渡部分署長以下巡査二名にして何れも精勤なり　盗賊や其他の犯罪は案外なく平穏無事也。

明治三十五年（一九〇二）五月四日

○〔投書函〕

北海道は天売・焼尻地方に於て本月三十（ママ）日の晩暴風の為め鯡船難波し二百余名溺死遂けたさうにて其溺死中の過半は北磯村附近の者らしく認めらるるより留守居の婦女は狂《けう》せんはかりに騒き立て船川

電信局は人山を築き喜ふ者悲む者実に哀な有様である。（船川より）

同年同月同日

○〔泣き声村内に充《み》つ〕

南秋田郡北磯より北海道・鰊漁業に出稼せる本県人中、去月二十九日の暴風にて手塩国苫前郡天売・焼尻の両島に出稼中漁船転覆して溺死したるもの多数の由にて、内、北浦にては十二、三名男鹿全島より出稼せる漁船の漁夫は既に二百名なるが或は溺死したるならんとの風評なれば其の遺族等は泣き叫びて村内頗《すこぶ》る騒擾たりとの事なり　左もあるべきことにこそ。

同年五月十一日

○〔溺死漁夫　遺族救助金募集〕

本月一日北海道出稼本県漁夫一百六十余名か不慮の暴風に遭ふ空しく魚腹に葬られたる惨事は前日の紙上に於て既に江湖《こうこ》に報道したる所なり　此惨事たる実に夫《か》の青森県第五連隊の遭難事件に亜《つ》ぐの不幸にして一家数口僅かに一人の手に頼りて口を糊《こ》する彼等漁夫の遺族老幼其の悲惨の状復は実に萬一の際、国家が遺族扶助の恩典ある軍人遺族の比に非《あら》ざるものあり　仍て今回三社合同して汎《ひろ》く義捐《ぎえん》金《きん》を募集し以て遺族救助の一端に資せんとす　江湖の仁人義士、冀《こいねがわ》くは満腔の同情を寄せられ続々賛襄《さんじょう》あらんことを。

一、金　義捐金は一口金十銭以上たる事

一、義捐金　秋田魁新報社会計部宛御送付の事
一、義捐金寄贈者の氏名と金員とは三新聞に記載し領収證に代ふる事
一、義捐金は県庁に託し遺族へ贈与の手続を請ふ事
一、募集期限は五月三十一日限の事

秋田公論社
明治三十五年　秋田日報社
五月　秋田魁新報社

※　この義捐金募集広告により同年六月六日までに県内外から寄せられた義捐金の総額は、二百八十七円三銭七厘との報告がなされている。

同年五月二十八日

○〔北海道出稼溺死者遺族の惨状〕

元来南秋田郡、男鹿の北部は耕地甚だ僅少にして人口は比較的多数を占め俗に兄弟竈《かまど》（同族集合生活）故に現在の耕地より収穫の米穀のみにしては到底人口の需要に応するを許さゝる止むを得す糧食は重《おも》に土崎より仰き僅かに其の不足を補ひつゝあり

○漁業ありと雖《いえ》とも近来不漁、頻年《ひんねん》打続き亦前年の好景を見ること能《あた》はず而《しこう》して自己の生計は日一日、困難を告くることを以て少許の賃金を得て父母妻子を残し遠く北海道に航し、天売・焼尻・利尻。礼

文及宗谷等に至り漁業に従事しつゝある現況なり。
○其出稼人の内一人は雇人にして漁業主より一人に付十五六円つゝの前金を受くるも過半は出稼の支度に費消し残る過半は家族が帰郷する迄の露命を繋くの綱となるへく一は組合組織にして各自他より資金を仰き漁業に従事するものにして雇人の如く前金を得さるを以て不漁の結果は大なる損害となる所謂《いわゆる》一の冒険的事業なり。

○而して此等《これら》出稼の人員は総計、男鹿北部に於ては千二三百人にして一戸一人つゝの割合なり。本年は一層多数の出稼人を出せり。殊に早春以来暴風のみ吹き荒《すさ》み故に郷里に居る老若男女の遠く出稼者の安危《あんき》を憶《おも》へ日夜神仏に祷誓《きせい》し只管《ひたすら》無事饒漁《じょうりょう》なるを祈りつゝ鶴首《かくしゅ》待居る其効果なく本年は意外の小漁なるより、天売・焼尻の両嶋に於ける無数の漁船は此不漁を憤慨し天候の不穏なるにも拘はらず四月三十日危険を冒して出漁中、俄然未曾有《がぜんみぞう》の暴風となり海面は千仭《せんじん》の谷を作り万丈の怒濤《どとう》山の如く全両嶋を呑まんとするの勢《いきおい》、可憐なる父母妻子を郷里に残しあはれ空《むなしく》敷海底の藻と化《もくづ》したるもの多数、其溺死者遺族の惨状は実に言ふに忍ひさるものにして聞《きく》だも酸鼻の至りに堪さるものなり。
○斯《かく》の如き事実にして遭難の報、一度達するや人心恟々《きょうきょう》各部落の老若男女は上下左右に奔走し哭声《こくせい》を放ち不見不知《みずしらず》の通行旅人に訴へ自分の夫、或は兄弟の安否尋るもあり。神仏に祈誓するもあり、卜《ぼく》者《しゃ》に走るものあり一喜一憂宛然《えんぜん》狂人の如しと。
○北浦郵便電信局は室の内外立錐《りっすい》の地なく人を以て充満せられ局員は昼夜不眠寝食の閑《ひま》なく孜々《しし》奮励《ふんれい》執務すと雖《いえ》とも頼信者の充分なる希望を満足せしむるを得さる現況なり。如此《かくのごとき》電信事務の繁忙を極

めたる甚しきは電信局に通夜して返電を待つの情《じょう》、思いやらる

○翻《ひるがえ》って遭難者の遺族、現下の状況を見るに溺死者多くは壮年血気の人、遺族は概して老少の男女なり。遺骨は漸時《ぜんじ》、彼の地より送り来ると雖《いえど》も素《もと》より出稼人の生活家に余資なく葬るの勇気なく途方に暮れ其為す所を知らす只遺骨に縋《すが》り慟泣《どうきゅう》するのみ。其悲惨なる誰れか一掬《いっきく》の涙を注かさるものあらん。

○此の可憐可悲《かれんかひ》遭難者に対して一片の同情を表せさるを得さると共に世の慈善家に向って義捐《ぎえん》を募りある次第にして北浦辺の有力家の同志を糾合《きゅうごう》して大《おおい》に救済方法を講せんと謀《はか》りつゝあり余は後便に譲る

同年十月三十日

○〔南秋北浦町雑信〕

男鹿半島の漁場を以て有名なる北浦地方の鰊及鯡は三十年以来より不漁打続きの故非常の衰頽《すいたい》を来たし為に不景気一方ならず　殊に本春は北海道の漁業も思はしからさるを以て一般細民の困難思ひやられる。北浦文庫倶楽部には毎月一と十五の両日を以て二回宛役場楼上に於て開会しつつあり　部長には楠賢珠氏副部長には高田徳松氏幹事には高野蔵助氏畠山喜栄太氏にして現部員は三十有余名　毎回度に演説あり討論ありて盛会なり。船舶検疫員は戸賀駐在所詰国見仲氏にして出張医は北浦病院長医学得業士広瀬哲造氏嘱託せられたり。當町尋常高等小学校年々歳々就学生の増加するにも拘らず校舎は非常に狭隘頽廃《きょうあいたいはい》に傾き殊に教室不足の為に教授を中止す　是れより冬期の候なれば教室は殆んと

雪を以て埋むるか故に教育上及衛生上甚だ不都合なるを以て昨年度の村会に於て新築の議起り更に布《しき》地《ち》迄も選定しあるにも拘らず今以て旧体を改めさるは能《よ》く〳〵無能主義の町会議員共なり。

明治三十六年（一九〇三）十一月十二日

○〔北浦近況〕

去三日、北浦在郷軍人会に於て天長節祝賀会を役場楼上に於て開く　来会者四十余名　午後一時一同参集するや柴田会長の式辞あり　一同拝賀式を行ひ以て武内氏勅諭を捧読し其れより大渕氏等の祝辞ありて万才を三唱し祝宴に移り歓を尽くして散会せり。北浦婦人矯風会総会は休寶寺に於て開会せり　来会者三四十名あり　頗《すこぶ》る盛会なりき　同会爾後益《ます》す拡張の計画なりと云。本町助役山本氏退任し後任者は柴田豊治にして本月一日より就任せり　収入役には鎌田名七氏推薦さるる由

明治三十八年（一九〇五）八月二十七日

○〔本県市町村戸数及人口〕

※　南秋田郡のみ掲載、他郡町村は割愛。●印は男鹿市。

○本縣市町村戸數及人口　三十七年《ねん》十二月三十一日の調査《てうさ》に係《かゝ》る本縣人《ほんけんじん》は八十三萬八千九百五十四人《にん》にして現住戸數《げんぢうこすう》は十二萬八千十一なり市町村別現住人口《しちやうそんべつげんぢうじんこう》及現《げん》住戸數《ぢうこすう》の詳細《しやうさい》は左《さ》の如し、秋田市は本籍男《ほんせきをとこ》一萬五千二百七十一、女《をんな》一萬五千三百四、計《けい》三萬五百七十五にして規住人《げんぢうにん》一萬七千二百八十三、女《をんな》一萬六千四百十二、計《けい》三萬千六百六十五、而《しか》して現住戸數《げんぢうこすう》は七千五百二十一なり

南秋田郡

町村	本籍 男	本籍 女	現在 男	現在 女	現住戸數
土崎港町	六、六〇六	六、九三七	六、四三六	六、八五九	二、三六二
五城目町	二、七九〇	二、七九八	二、六六八	二、七七七	一、〇三五
●船川港町	二、三二四	二、一四一	二、三〇〇	二、三六八	五九七
●北浦町	三、三三八	三、三三六	三、一一九	三、一八八	七九三
川尻村	八九八	八九〇	八〇一	八五〇	二七八
寺内村	一、四三六	一、五二〇	一、五九三	一、五三三	四四八
廣山田村	一、五八六	一、五五九	一、四五四	一、五一九	四三二
太平村	一、九九八	一、七六二	一、八五三	一、七一七	五三五
旭川村	三、〇五六	一、九三一	一、〇三三	一、八九一	五五六
外旭川村	一、一二四	一、一三〇	一、〇七五	一、一〇五	三三二
飯島村	一、一〇三	一、〇〇七	一、〇六五	一、〇七五	二八〇
下新城村	一、八六八	一、七五五	一、七四五	一、七四八	三二〇
上新城村	九七一	九一五	九四八	九〇二	二五五
金足村	二、三三三	二、〇一九	二、一七七	二、〇〇七	五三八
大久保村	一、七三三	一、六七六	一、五四四	一、五八二	五〇三
飯田川村	一、八六七	一、七四一	一、七六三	一、七〇九	四九四
豊川村	一、〇〇七	八六七	九四二	八五〇	一六五
下井河村	一、七三五	一、四二四	一、五八四	一、四九五	四三九
上井河村	一、三〇九	一、一三〇	一、一三〇	一、一一〇	三三三
大川村	一、一三四	一、〇四七	一、〇一〇	一、〇三〇	二八四

（未完）

○本縣現住戸數及人口《ほんけんげんぢうこすうおよびじんこう》（承前）

南秋田郡の部（つゞき）

町村	本籍 男	本籍 女	現在 男	現在 女	現住戸數
一日市村	三、二二八	一、一〇八	一、一六七	一、二一四	三五三
面潟村	一、九七〇	一、八七四	一、七九一	一、八三八	五六六
馬川村	八三七	七二一	八〇三	七一七	一九五
馬場目村	一、四九四	一、三六〇	一、四一三	一、三三九	三五六
富津内村	一、三七五	一、二四六	一、三三〇	一、二四〇	三五〇
内川村	一、〇四二	一、〇九八	九八九	一、〇九二	三二四
天王村	二、九二八	二、八五〇	二、七九八	二、八二八	七八四
●船越村	一、四八一	一、三八二	一、三四五	一、三〇三	四七一
●拂戸村	一、四九一	一、三七〇	一、四一〇	一、三四六	三六五
●脇本村	二、九二八	二、七三五	二、八三六	二、七四六	七三一
●南磯村	一、八二九	一、七三三	一、六九七	一、七一五	四二三
●戸賀村	一、三五三	一、三八一	一、三五〇	一、三八四	三三三
●男鹿中村	一、三五九	一、一七五	一、二〇七	一、一八八	二六七
●五里合村	一、六二九	一、五六八	一、五五三	一、五一六	三八〇
●潟西村	二、三九四	二、二四〇	二、二五二	二、二一三	五九一
合計	六四、二五一	六一、四二五	六一、〇四九	六〇、七三四	一七、六四三

明治三十九年（一九〇六）九月十一日

○〔北浦商話会秋季総会〕

南秋田郡北浦町商業家が同地斯業改善の目的を以て設立したる秋季総会は六日午後より恵比寿堂内に開く　総数三十余名の会員中事故欠席せるもの僅かに二三に過ぎざりき　定刻に至るや幹事古仲儀三郎氏開会の旨を告け次いて第一期決算報告あり　評議員豊沢民司氏亦《また》事務報告をなしたる上同氏の発議にて会務整理上、副会長一名を置くこととなり会則修正の上満場一致を以て佐藤千代三氏を副会長に推薦し其他白山堂の境内に桜数十本を植付くること及び二三の建議案を議了して宴会に移れり副会長佐藤千代三氏起《た》って就任の挨拶と共に将来の希望を延べ夫れより任意園遊会に移りとり〳〵の歓を尽くしてより一同記念の撮影をなして散会せるは薄暮点燈の頃なりしといふ。

明治四十年（一九〇七）十月四日

○〔北浦の招魂祭〕

南秋田郡北浦町大字西黒沢・石川千代吉氏、加藤佐市氏、石垣竹松氏外在郷軍人会有志者一同発起し明治三十八年三月一日、奉天附近の会戦に於て戦死せし故陸軍歩兵勲八等功七級・加藤三治郎氏の記念碑を建設して本月一日を以て招魂祭を執行す。當日天気晴朗なりしを以て碑前の式場には国旗幔幕其他装飾美々しく施され午前十一時に及び神職及遺族・在郷軍人団長代理・区長・町名誉職・町医有志者一同参集するや（奏楽）齋主祓主の案内に依り齋主以下手水の儀式あり　次て祓主は祓詞を申し大麻御塩行事ありて齋主社掌・竹内《ママ》（編注・武内）貞治氏祭詞を奏し（奏楽）次て僧侶の読経あり。

夫れより北浦町在郷軍人団長及同第七西黒沢支部長石垣多吉氏の祭文、同第三相川支部長鎌田善治氏及各有志者等の吊詞《ちょうじ》あり（奏楽）次て齋主以下玉串を捧げ遺族者・在郷軍人各支部長各参列員一同の拝礼終りて各参列者及部内老幼男女九十余名は予《かね》て設備する会場に集会し直会《なおらい》式を挙《あ》け午後五時半無事散会せりと

明治四十一年（一九〇八）一月十七日

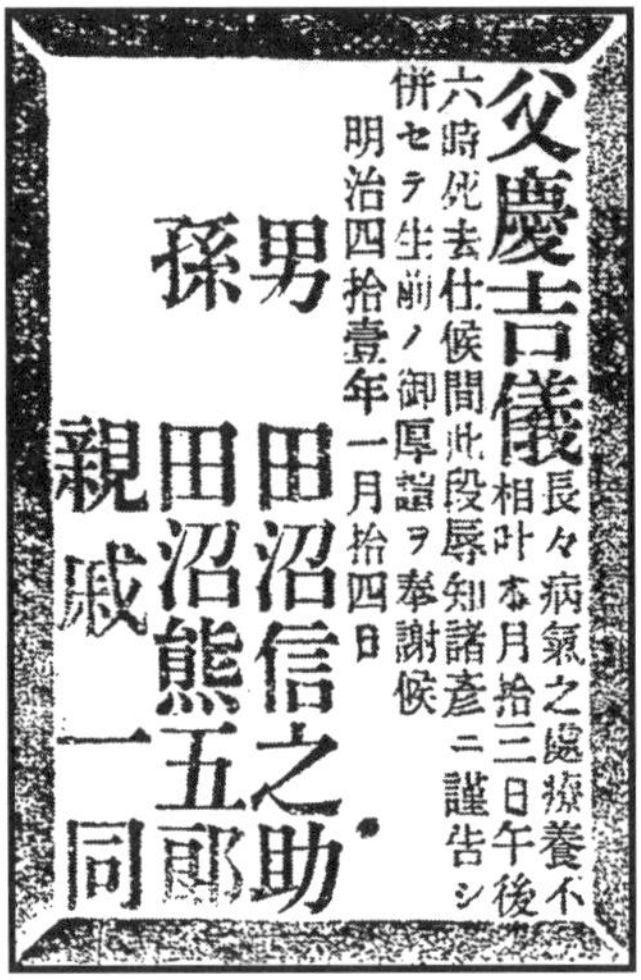
父慶吉儀長々病氣之處療養不相叶本月拾三日午後六時死去仕候間此段辱知諸彦ニ謹告シ併セテ生前ノ御厚誼ヲ奉謝候
明治四拾壹年一月拾四日
男　田沼信之助
孫　田沼熊五郎
親戚一同

○〔二代目　田沼慶吉氏の死亡広告通知〕
天保七年（一八三六）四月十三日生
明治四十一年（一九〇八）一月十三日没　満七十二歳

※　信之助氏は田沼本家三代目、慶吉氏の長男。熊五郎氏は慶吉氏の弟・彦吉氏の息。彦吉家は通称「奥の家」と称された。

同年一月二十七日

○〔南秋北浦便り〕
旧年末も切迫せしこととて気も頓《とみ》に引き立ち商業も活発となれり。人夫らは北海道出働《ではたらき》の前借、湯本石灰山の採掘及び男鹿官山より多大の材木を此の雪中搬出し賃金を待ちつつあれば好景気なり。従

来艀船《はしけぶね》には種々の弊害ありし故船舶の出入貨物の集散減少の傾きありしを憂ひ其弊害一掃せんが為め今回有志相計り北浦艀組合なるものを組織し北海道出働人夫、其他貨物の輸出入等凡《すべ》ての便利を計るべく事務所を北浦、戸島藤治郎店方に置き懇親に取扱という　本日二十三日其開業披露の宴を相場館に開きしが頗る盛会なりし。一時大船十余艘を北浦湾頭に浮かべて一時の雷名を轟かしたり田沼慶吉氏は本月十三日長逝せり。

明治四十二年（一九〇九）十一月九日

○〔北浦雁信〕

去月三十一日より三日間鹿山小学校児童成績品展覧会を開き児童の成績品図画・書方・手工・裁縫及び教育参考品等同校の階上に陳列して一般の観覧に供したり。児童学芸会　去一日午後一時より同校に開会せり　児童父兄七百人余参列せり　鷲野校長開会の辞を述べそれより児童の演じたる話方・唱歌・実験等の三十余種はいづれも大喝采を博し皇御国《すめらみくに》の唱歌にて閉会を告けたり。北浦町農会第一回農産品評会は去月三十一日より同校内に開き三日天長の佳節を以て褒賞授与式を挙行せり。午前十一時一同式場に整列学校児童の唱歌あり。湊町農会長式の挙行を報じ高野審査長代理は審査の経過を報告して授償の申告をなし湊町農会褒賞及賞品を授与され次《つい》て郡長の告辞・町農会長の式辞・来賓の祝詞祝歌受賞者総代の答辞ありて式を了し夫より町農会長の先導にて出品を縦覧し別室に於て茶菓子の饗応ありて一同退場せり。祝賀会・天長節祝賀会は各官衙員・重立者・農会員・尚武会員等一団となり水明館に催ふしたり。

明治四十三年（一九一〇）六月四日

○〔鱒養殖事業〕

水産試験場にては昨年より北浦町一ノ目潟へ鱒児放流の試験に着手せるが過般仙北郡花館に於て孵化したる姫鱒三万尾を取り寄せたるに途中にて斃死したるもの約三分の二に達し昨年と同様の不結果を来《きた》せしにより長距離の搬送は殆と見込立たずとの故を以て北浦町に於ては今後町の事業として一ノ目潟附近に孵化場を設置し十和田湖和井内養魚場より年々鱒卵十万粒を購入し孵化育成の上、之を放流養殖せんとの計画を提起せしより此程、野田水産技手には二階堂郡書記と共に同地へ出張したるが実地調査の結果として齎《もたら》す所を聞くに大要下の如し　▲湖面積　八万六千七百十七坪　▲水深　約四十尋　▲水色　清澄　▲底質　砂礫　▲状況　殆と円形にして四周草山を以て囲繞《いじょう》せられ注入水及排水閘の装置あるも底部には必ず水源口の存するを疑はず　▲従来栖息せる魚類カジカ・タナゴ・海老・蟹　▲天然飼料の豊歉《ほうきん》に付ては精確なる調査を経たる後にあらざれば断言し難きも之が養殖上に差し支なきは現に棲息しつつある魚類の状況に徴して明かなり　因に海老の如きは鱒属の飼料として最も適当なるを以て十分之を保護するを要す　▲起業費予算　金三百十八円八十四銭（支出総額）内訳金　五十円孵化場一棟建築・三十八円八十四銭孵化糟其他予備費・四十円鱒孵十万粒代・八円運賃・十円餌料・十二円薪炭代・六十円監守人給等　▲備考　二年目よりは建築費及備品費を要せざるが故に支出総額約百三十円にて可なり又た成育歩合は十万粒の七割とし放流後三年目より年々其の二十分一即ち三千五百尾宛の漁獲ある見込にして之を地元拂ひとするも一尾十五銭として年収金五百二十五円に上ぼるべき見込みなり。

明治四十四年（一九一一）二月九日

○〔湯本の火災（四戸延焼）〕

去八日午前二時頃　南秋田郡北浦町字湯本　温泉宿暢神館田沼良蔵（編註・良三の誤り）より失火し大坂屋嘉永吉外四戸に延焼同四時十分鎮火せるが原因は暢神館の下女がマッチの消方粗漏より発火したるものにて延焼家屋及び建物は左の如し。

大坂屋嘉永吉・伊藤兼蔵・平野平太・渡部和三郎・佐藤万治

外に藁小屋一棟

※　この後、暢神館は時を置いて大正八年六月ようやく再建されたが、館の経営は田沼氏から渡辺長蔵氏に委ねられた。

明治四十五年（一九一二）五月二十四日

○〔鮪の初大漁〕

南秋田郡北浦町西黒沢大明神崎に敷設したる鮪大謀網は青森市前田幸太郎外二名及び本県南秋田郡南磯村佐藤雄治の四名の経営にかかり本年五月初旬、投網爾来、魚群の游来を待ちつつありしに去二十日体重二十貫の大鮪二百尾、価格約五千円の漁獲あり。従来は山形県の方より上り来り六月末にあらざれば漁獲なきものが今回は青森方面より来たり漁獲頗《すこぶ》る早く本県鮪大謀網漁業に一大光明を与えたるものにて潮流の関係最も宜《よろ》しきを以て同漁場に於て今後続々と漁獲あるべき見込なりと云ふ。

大正三年（一九一四）九月十日

○〔秋田丸発見す〕

去月中旬の暴風にて秋田木材会社所有の帆船・秋田丸の難波せるは既記の如くにて爾来船及び乗組員の所在捜査中、去る三日、南秋田郡入道岬内側、湯の尻沖合に船体の漂着せるを発見せるも大破にして到底修理出来さるよし

尚《な》ほ乗組員は未だ不明なりと。

同年同月二十日

○〔南秋号――南秋経緯記〕

団体

北浦信用組合　　は去る三十四年中同町・佐藤千代三氏其他有志の唱導にて組織され現在の組合員百三十名あり　出資額金約四千円・貯蓄額約千円にして一ヶ年約三千余円を貸出しつつあり現在の理事は同氏の外、戸嶋藤次郎・小林儀助・豊沢民治・福嶋亀吉の五氏にて最も堅実に最も直実に同町中流以下の唯一の金融機関にして土崎相染信用組合と共に郡農会より表彰せられたり。

北浦商話会　　は同町・沢木銀行支店長・佐藤千代三の発起せる処にして同氏を会長に四十余名の会員は皆同町重なる営業者を網羅し平素会則を遵守《じゅんしゅ》し春秋二季の総会には、会員悉《ことごと》く出席して同町商工業の伸展に就き熱心協議し県内有数の商業組合たる実績を挙げつつあり。

事業

電燈　の事業は今や各郡色に嘱望され居る処なるが北浦町にては株式会社を創立し電柱器具の取付を了し着々工事を進捗《しんちょく》し居るが来たる十月三十一日の天長節を卜《ぼく》して点燈すべしと云ふ

旅館と旗亭

北浦の旅館「水明館」（大正期）

旅館　は土崎一丁、佐清両旅館に已に定評あるが五城目の永井・石山　船川の諸井・泉　北浦の相場・千葉　船越の太田・西村　大久保の菅原・高橋　一日市の畠山等は其重なるものなるが中にも五城目町の両旅館は郡役所々在地たる大曲・能代・鷹巣等のそれより優るとも決して劣らざるものにて石山は客扱親切、座敷は瀟洒《しょうしゃ》に永井は別館を有し楼上の各室の如きは清新にして諸設備を完《まっと》うし調理又極めて味うべく　館主は俳趣ありて旅客の待遇平凡に失せず。諸井・泉は何れも近く船川湾を瞰下《けんか》し白波を遥かに鳥海を雲烟の間に望み眼界広くして風光又掬《きく》すべく、相場・千葉は北浦湾に臨みて秋本二郡の連山を遠見し潮風徐《おもむ》ろに吹来りて海気清決を覚えしむ魚介又鮮《あらた》なり。

旗亭は五城目・北浦・船川の三町に重《おも》にして土崎の武田・池鯉亭の如く比にあらず　忌憚《きたん》なく云へば遊女屋を兼ねたるもの多く只《ただ》五城目倶楽部のみは同町有力家の後援を得て創設され妓女を置かざる純なるものたり。

北浦の如きは崖上に宏壮なる楼閣を建て大漁の時に殷賑《いんしん》の程を思はせ外来人を驚かしものあり。船川・五城目には三、四の料理屋あれど前述の種類にて毛和目手《きわめて》低級たるものなり。

をんな　如上《にょじょう》三町の旗亭には芸者と称するもの三、四人位居り他は皆準娼妓たる酌婦にて遠くは北海道・青森辺より近くは仙北、北秋の出多く料理屋の外旅館にも聘《へい》され来たりて酒席を斡旋す是を五城目にては馬具と云へ船川・北浦にてはやぎと呼ぶ　蓋《けだ》し面白き起因あるべくも記者無粋にして是を知らず。

南秋名物づくし

畠から鮑

男鹿には八里の潟から五里（休魚《ごり》）獲れると云へ又畠の中から鮑を採ると外来人をして驚かす面白き陰語あるが北浦の字・畠なる入道崎燈台下の水嶋及び戸賀濱よりは鮑多く産し市場に上るもの皆此産也

北浦鮪

鮪は、東海の産なりしを近来至る処大謀網を計画されしより男鹿南北の浦に於て漁獲多く、分けて北浦の海は最も産出夥しく同町の殷賑亦是に因《よ》せるもの決して少なからず　水嶋・其他合して十万円の年産あり。

船川やぎ

「やぎ」とは酌婦の同町及男鹿全島の方言にして又古来よりの名物に数ふべし　斯《かく》の如きを紹介するは稍々《やや》其地を侮辱するに似たれと決して然らず　昨今同港にては料理屋酌婦の繁昌を極むるより有志は女気のなき倶楽部を設立して以て同町風紀を革新せんと計画すと聞くが同港にても北浦にても此種の営業を撲滅するは繁昌策を誤れるの甚たしきものにて今日の殷賑は全く這箇《しゃこ》花柳界與《あずかり》て力あるものなり。芸者・酌婦を総称してやぎと云へ云はるる自身も無機嫌にならず比較的美人多くして潮風涛音に和して唄ふ又興なしとせず。

同年同月同日

○〔南秋号〕

※　大正初期の北浦町を代表する各種商店の宣伝広告である。当時の町の商業状況の一端を伺い知ることが出来る貴重な資料と思われる。（以下二頁）

御旅館
男鹿半嶋北浦町
千葉北友館

御旅館
男鹿半嶋北浦町
水明館

御料理
福乃家 男鹿北浦新道
藝妓
小春
常子
花子
高子
小福
梅子
つや子

呉服太物商
男鹿半嶋北浦町
豊又合資會社

御料理
武石家 男鹿北浦新道
よし
とく
小竹
さた

御料理
東亭 男鹿北浦新道
小一
園子
花子
八重子
文字

銘酒 宮乃鶴
男山 釀造元
男鹿北浦町
佐藤新英

銘酒 瀧乃紅葉
錦鹿 釀造元
男鹿北浦町
鎌田善治

商號 商標
廻船問屋運漕業
輸出入百貨一式
横濱生命保險代理店
日本徴兵生存保險代理店
内國貯金銀行代理店
南秋田郡北浦町
戸嶋藤治郎商店
電話符號(トシマ)又ハ(ト)
振替東京一二四七六番

醫療藥品工業用藥品
漁網染料、コールータ、ワニス
洋酒鑵詰各種卸小賣
南秋田郡北浦町
分
加賀谷長命堂

名所ト名産
男鹿湯本温泉ト石灰石
一
男鹿北浦町
岩澤精米所

呉服太物商
千
男鹿北浦町
福嶋商店

呉服太物
日用雑貨商
男鹿北浦町
納谷善松

祝發展
男鹿半島
北浦理髪組合

北浦電氣株式會社

祝發展
風光明媚ノ北浦名勝ヲ紹介仕候
縣社眞山神社ト男鹿官林
北浦ノ夕景
大謀網ト鰤網
湯本温泉ト石灰山
入道崎燈臺ト嶋畑リ
秋田魁新報社
北浦取次所

同年九月二十一日

○〔南秋余談　　社末生〕

北浦は鮪が沢山獲れるが県では一切無税にさして置く為めに送り出す時に腹を割《さ》く腸《わた》のみ捨てられて町の収入には一文もならず丸で密猟されたやうだと本山同町長の話である。

男鹿北浦町は安政の昔、黒船が来た當時には山上《さんじょう》なる今の表町に要塞とも云ふべき物見を兼ねた海岸御固めと云ふ警備所が置かれてあったそうである。當時其武士等の武器なるものを見るに可なり大きな火縄筒であったが火縄鉄砲と軍鑑……追想して聊《いささ》か苦笑せざるを得なかった。

同年九月二十七日

○〔通俗講話会〕

十七日午後二時より南秋北浦鹿山小学校に於て通俗講話会を開会したり。進藤校長の開会の辞に次き笹森巡査部長の「職務上より観《み》たる北浦町」中川重春氏の「樺太視密談」館岡勝蔵氏の「地方改良談」等各自熱心なる雄弁を振はれ閉会せるは薄暮にて来聴者多く盛会なりき。

○〔北浦電気の落成〕

兼て北浦町有志の発企にて設立計画中なりし北浦電気株式会社は幾多の曲折ありたるに拘はらず発企人諸氏の非常なる努力に依り資本金二万円の募集を終え既に京阪地方に注文せる諸機械等も全部着

荷せるを以て愈々《いよいよ》来月上旬、県知事其他の臨場を得、盛大なる点燈式を行はるる由なれば同地方は定めし殷盛を極むるなるべし　因みに同社重役は、社長に竹内（編註・武内）良吉、取締役に岩沢忠一、戸嶋藤次郎氏、監査役に小林亀三郎、福嶋亀吉當選せりと。

同年十二月十一日

○〔北浦鰊漁報〕
　去る七日午北浦町相川沖合に群来《ぐんらい》あり　各船十駄より六十駄に至る漁収ありたり　水売り目下一駄・一円七十銭台なり　海岸漁夫の賑声最もかまびしく景気頓《とみ》に色めき渡れり。

◇　　◇　　◇　　◇

　この章で掲載の新聞記事は、明治十年（一八七七）より大正三年（一九一四）までの三十七年間の男鹿北浦地域に関する出来事を再掲してあります。ただ原本未保存の為、加えるに筆者の記事の見落とし部分も予想され完全に網羅しているとは言い切れません。又、犯罪・裁判等に関する情報に関しては本人、若しくは本人の御子孫に対して不快を与える事を考慮しまして割愛させていただきました。

　末文ながら秋田魁新報社、及び秋田県立図書館の職員の皆様にあらためまして御礼申し上げます。

Ⅳ　出稼ぎの島

一　天売島・焼尻島の話

北海道西部海岸に面して苫前《とままえ》郡羽幌町《はぼろちょう》があります。この町から北西二〇㎞の日本海に浮かんでいる島が、天売島《てうりとう》と焼尻島《やぎしりとう》です。島の大きさは、天売島が周囲五・五㎢、焼尻島で五・三㎢程の島です。この二島が脚光を浴びるのが明治時代、北上してきたニシンを追って、人々もこの島々にきたのです。このニシン漁に従事するために青森・岩手・秋田の人々が殺到してにぎわいました。

とりわけて、男鹿半島からの出稼ぎの人が多かったのですが、来島していた人々のごく少数は、網元として漁場を経営していました。しかし大方は、ニシン場の労働者として雇われた人々でした。男鹿以外からは、由利郡、仙北郡の諸村からの出稼者で、同じく漁業労働に従事していました。

さらに話をすすめ、ニシン漁等漁業と秋田・男鹿の関係を紹介するのも無駄なことではないと思います。参考資料として河野常吉の「天塩《てしお》国調査」第三―焼尻・天売―です。著者の河野は、明治二十七年（一八九四）に北海道庁の嘱託となって道内各地の歴史・地理の調査にあたり、克明な記録を残しています。これらの記録は、北海道史研究の第一級史料といわれているものです。

明治三十年（一八九七）九月から十月にかけての見聞録です。関係箇所を無差別に羅列していきます。

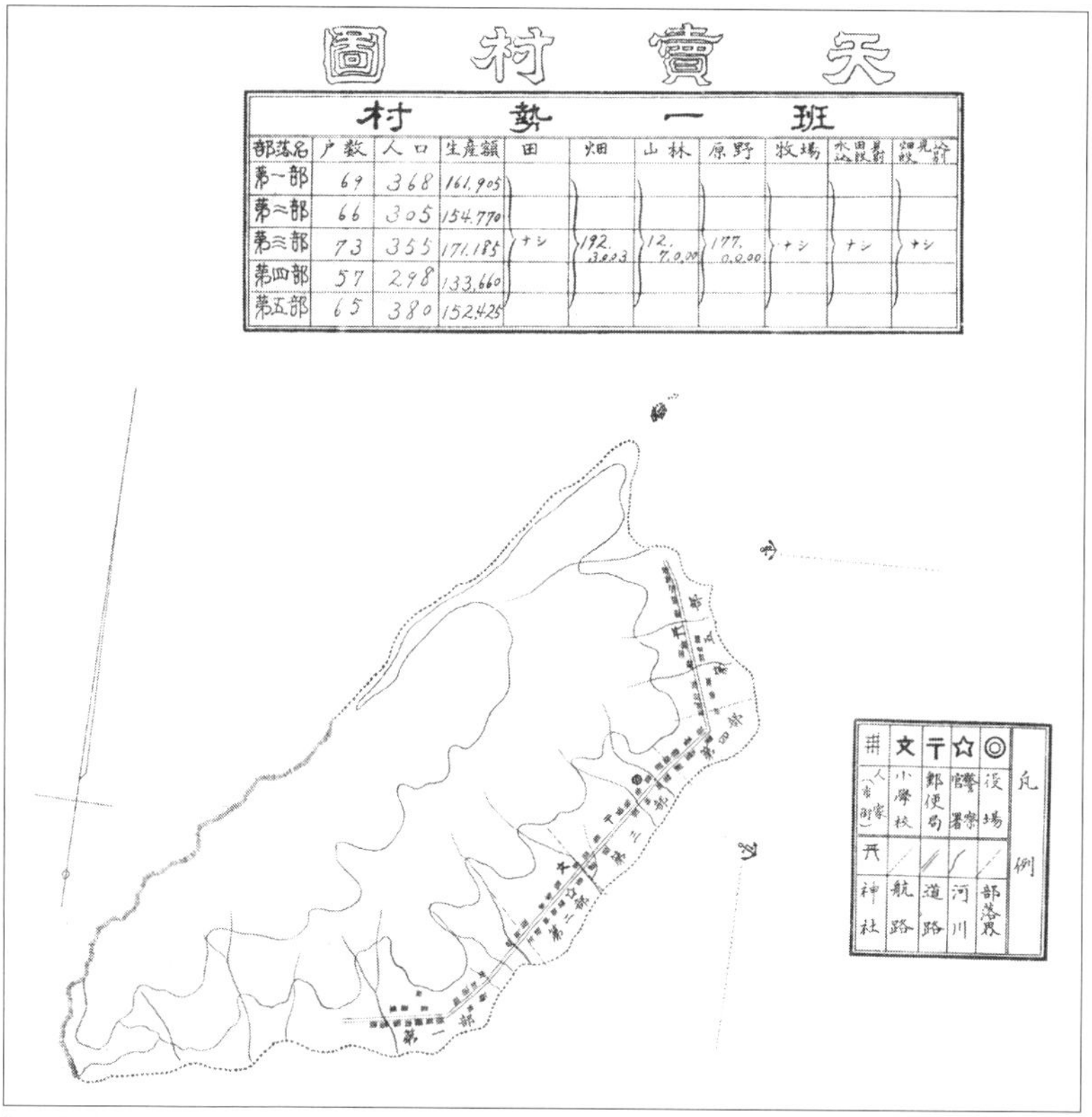

上：「手売村図」（全一枚）
左：「焼尻名所」（絵はがき全十枚）より「焼尻島鰊豊漁の盛況（会所前）」
下：同「相蔭の奇岩（焼尻名所）」

【焼尻村】 漁業家、秋田多し。米は小樽より来るもの多し。但し、秋田漁夫の来るときは秋田よりも来るなり。秋田出稼ぎミソマナイ・ウエンナイの間に大友仙四郎、その隣三浦松之助あり。苫前より秋津屋の暫《しばら》く西に離れ二、三丁にしてシユルクに秋田出稼ぎ人居る。北向きに秋田出稼ぎ鎌田又助、その隣に白旗（幡）新蔵、沢をへだてて水野長吉、鎌田庄兵衛、菅原金兵衛、菅原清吉。鰊を主とし、鱈・泊（川崎船にて出稼ぎ十一戸皆秋田）・番人、永住人の外は鮑突く事を禁ず。海鼠《なまこ》は引かざりき。明治十七年頃より秋田その他諸方より来る者大に増加す。明治九年頃は、出稼ぎ人は栖原《すはら》（註1）の世話にて食料を受く。即栖原の仕込みなり。秋田辺より来る人は、多く歩方にて親方は三人前を取り（舟網の代又奔走費等其余は平均頭割なり。）故に漁夫の励みも特別なり。

且つ損失ありとて大失敗を受くることなし。

（註1）栖原家は江戸時代から続く留萌《るもい》地方の大網元。明治二十年で鰊建網二〇統、鮭建網九統、鱒建網四統の計三三統を所有していた。

※ 当時の焼尻島の戸数は二一六戸、人口一二四一人。

【天売島】 九年前は、秋田人出稼ぎ差網にて鰊を取り、又鱈釣りをなし越年《えつねん》する者なし。九年より越年する者ありて、漸次永住者を増す。明治十五年大友長次郎、大友長三郎等建て網をなす。十六年二十四統となる。但し其前は差網なりき。原因は、石川三左衛門の建て網結果好《よ》かりしによる。差し網は凡《およそ》二十名なり。差し網は大抵越年、建て網は大抵帰る。秋田人最も多く、次は津軽・南部等也。其頃は南部人は雇い者となり鮑突きを業とす。天売り越年は、佐賀・成田・岡本の三人なり。皆鮑突きなり。栖原の番屋を借りて越年す。但し秋田人は其前より出稼ぎせり。秋田衆は、差し網とて鱈釣りをなし、一艘十人、十一人にて茅屋を営み起居す。尤も始めは鱈など釣るのみ。後に差網を始む。云々。
※　同じく天売島の戸数は三二八戸、人口一二三四人。
まだありますがこの辺まで。おおよその感じはつかめると思います。

二　天売島の遭難の詳細

畠の鎌田東一郎さんの話に、明治三十五年（一九〇二）の天売島での遭難のお話がありました。今から九十年前（平成四年現在）の大惨事でしたが、すでに男鹿の人々から記憶は風化してしまいました。そこでこの大遭難の実態はいかなるものであったか、秋田魁新報の記事と手元の聞き取りノートを付き合わせながら話を進めます。

明治三十五年といえば、北海道西海岸でのニシン漁業は全盛時代であった。当時は手塩国手売村と言った。この西方の沖合には、春ニシン漁が終季に近づくとニシンが群集する「山背陰」と称される共同場所があった。四月三十日この場所にニシンのクキル（北海道の方言で群れ来ること）きざしが現れたので、焼尻・天売の出稼ぎに来ていた漁民は、網を入れるべく競って船を出し遭難したものである。その日は早朝から南風が吹いていた。船は現場へ向かうべく「ベンザイの澗」の沖に待機していた。午前六時頃になって風は北向きに変わったが、目の前のニシンの大群に引かれ船は「山背陰」目ざして急いだのである。ところが風が次第に強くなり勢いを増すばかりであった。午後五時頃、天売村の漁船は、危険を察知して続々引き揚げて来たが、焼尻の村の漁船は、直ちに引き返すことができなかった。とかくするうち午後七時頃から怒濤猛烈を極め、全く進退の自由を失ってしまったのであった。陸《おか》にいる者は、それぞれ救助方法を講じようとしたが、いかんせん打ち寄せる波は高さ一丈七〜八尺（五〜五・四m）の高波で、ついに救助に向かうことができなかった。このため漁船は激浪に破壊され悲惨を極めるに至った。

遭難漁船は一二二艘、遭難漁夫一三五五人。このうち全壊漁船七〇艘、他の五二艘はかろうじて大濤《なみ》の中を避難することができた。遭難漁船中、溺死者は二二〇人、その他の人々は、辛くも一命をとりとめることができた。この遭難にあった男鹿の人々は、表1のとおりであった。当日海岸に漂着した遺体三三人。翌二日目は一〇艘の川崎船に二〇〇余人の漁夫が乗り込み、沖合捜索に当たったが作業は困難を極めた。しかし網を揚げるにつれて続々遺体を発見。同日中に一三五人の遺体を収容した。三、四日は風雨のため沖合の捜索はできず、五日再び川崎船一〇艘で二〇〇人余が乗り捜索に向かったが、遺体の多くは建て網に縦横にからまっていて、沖合での作業のため、網から取り出すのに難渋しながら二四人を収容した。五月六日までに収容した遺体は一九二人であった。このうち五分の四は秋田県南秋田郡・由利郡・河辺郡から来た出稼ぎ漁夫であった。なお、人命以外の被害としては、川崎船・保津船《ほづぶね》・磯船合わせて一二六艘、建て網及び付属品等の合計見積損害額は五万円と見られた。

この大惨事が過ぎて明治三十九年（一九〇六）九月十五日、北浦町・常在院の萩庭岱州師（一九三頁参照）が発願主となり、多くの人々の喜捨をあおいで犠牲者の供養塔を建立し、日露戦争戦没者も

表１　天売沖で遭難した男鹿の人々　　（　）内は年齢

村	地区				
北浦町		本川松之助（23）	本川　長松（28）	鎌田　三平（32）	何のリサ人夫某（27）
北浦町		加藤　長松（22）	斎藤　直吉（37）	湊　左市（19）	浮田　政治（37）
北浦町		森　三治郎（20）	斎藤　熊吉（33）	石川和一郎（37）	上野　彌市（39）
北浦町		湊　吉助（23）	古仲　豊治（26）	古仲長次郎（37）	古仲　乙吉（26）
北浦町		上野紋五郎（22）	上野　長市（24）	真壁　順平（30）	嶋宮　慶吉（32）
北浦町		細井鉄五郎（33）	小林幸太郎（22）	大坂谷和左吉（26）	安田　善吉（34）
北浦町		安田善之助（30）	〔行衛不明〕上野　長一（24）		
戸賀村	戸賀	大高　重吉（32）	若松　太吉（31）	加賀千代吉（37）	江畑　鶴松（21）
戸賀村	戸賀	原田　伝吉（48）	敦賀　宇吉（35）	江畑吉五郎（34）	三浦　長吉（23）
戸賀村	戸賀	飯沢　富吉（21）	越前谷金蔵（39）	近藤　権平（28）	江畑長次郎（22）
戸賀村	戸賀	原田　喜助（47）	原田　久吉（21）	三浦　銀治（22）	原田　徳治（22）
戸賀村	戸賀	小林幸太郎（23）			
戸賀村	浜塩谷	水野　易蔵（44）	水野　某（21）	富田　好松（28）	伊藤　清助（20）
戸賀村	浜塩谷	伊藤彌七郎（27）	伊藤　豊治（21）	伊藤喜一郎（21）	富田三之助（23）
戸賀村	浜塩谷	伊藤　倉松（42）	水野長左衛門（22）	水野　寅吉（25）	水野子之助（27）
戸賀村	浜塩谷	〔行衛不明〕富野　幸吉（24）			
戸賀村	塩戸	三浦　常吉（37）	畠山　由吉（21）	太田　政吉（24）	太田　幸吉（23）
戸賀村	加茂・青砂	石川定五郎（15）	長谷川喜市（24）	鎌田三次郎（50）	
男鹿中村		山下　三平（46）	武田　新吉（22）	武田　金蔵（28）	武田　清吉（26）
男鹿中村		武田　太助（28）	三浦　勇治（27）	川村　順平（27）	
五里合村		杉本　安蔵（19）	藤田　又治（24）	杉本　新蔵（49）	杉本　勇吉（41）
五里合村		船木　政治（19）	加藤文治郎（32）	伊藤　福蔵（36）	伊藤利吉郎（32）
五里合村		小玉喜代松（29）	薄田多二郎（23）	畠山利之助（21）	
五里合村		〔行衛不明〕伊藤利吉郎（32）			

併せて合同慰霊祭を行っています。

　供養塔には一部風化して読めない部分もありますが次のように彫られています。

正面　忠魂君士霊　　明治■■七八年

後面　北海道天売遭難溺死積灵（霊）

　　明治三十五年三月二十三日

　　　　南無十万

右側面　紀念宝塔建立

　　　明治三十九年九月十五日

　竣工願主　当山十六代　萩原岱洲

　　南無十僧

左側面　南無十万佛

　塔身の下には二段の基壇があって、上段には溺死者名、戦没者名を彫り、下段には建立にあたって拠金した北浦町の人達の名が連ねてあります。

常在院の忠魂霊宝塔（正面）

天売・焼尻島での遭難は空前のできごとでありましたが、その前後においても依然、ニシン漁業は遭難から逃れられない環境におかれていたのです。当時は、生命保険・労働災害に対する保証などはなかったでしょう。鎌田東一郎さんは、一軒で三人も亡くした家があるといっておりました。残された家族の悲しみは言語に絶するものがあったでしょう。

今のところそこまで具体的に調べておりませんが、何らかの救済策が講じられたのは想像に難くありません。当時の新聞を見ると新聞社が義捐金の広告を掲載して募集が行われています。

川崎船に常苫《じょうとま》をかけ、ゴザッ帆を張った板子一枚の松前出稼ぎから、明治中期頃にはじまる汽船、やがて奥羽線、船川線（男鹿線）が開通し、青函連絡船による渡道と出稼ぎ光景が変わってきたのでした。昭和三十年代には、まだ川崎船による出稼ぎ体験をもつ古老が何人か生存しておられました。出稼ぎ体験のない私にとって、これら老人の語る出稼ぎ談義は一種のロマンチックな風物詩として映ったことがありました。けれど松前稼ぎの内実は、これとはまったく異次元であったのは言うまでもありません。

西水口の登藤喜市氏が聞かせてくれた、あの哀切をおびた「ニシン場くどき」、「江差追分」のうらさびた旋律は、およそ近年の「民謡コンクール」で聞くそれとは裏腹の桎梏《しっこく》な生活そのものが滲みでたものでした。

Ⅴ　北浦の災害

大堤決壊による北浦水害について

昭和五十年一月記・太田　忠一郎

北浦の中心部を流れている加茂川の上流（北浦字十二桜）に大堤という大きなダムがある。この大堤は北浦の水田一帯に水を入れるために大正十一年（一九二二）七月に関係者四五人ほどの組合が主体となり造られた物で、満水すると約四〇万㎥という実に大きな「かんがい用」の堤である。

大正十五年（一九二六）五月二十六日、この日はどんよりとしたおだやかな天気であった。午後三時すぎ、突然この大堤の大堤防が決壊して大量の水が押し寄せてきた。そのころ近くの田で馬耕打ちをしていた北浦忍田の清水三郎さんが一早く見つけて、はだか馬を乗りとばして「大堤が破れたぞー、早く逃げろー」と、下流にある北浦の人々にさけんできた。川近くの人達はおどろいて川を見たが水量は普段と変わらなかったので、流れてきても大したこともないだろうと考えたらしいが、二十分くらいしたら上流から小山のような大水が濁流となり、土煙を上げてものすごい勢いで押し寄せてきた。その水量は二二二万石（約四一万㎥）ほどであったといわれる。

下流にある北浦の中心部は、一瞬にして一面の泥海となった。人々は何一つ持ち出すこともできず、ただ逃げることにやっとであったという。人々は親を呼び、子供を呼び、泣きさけぶ姿はたとえようのない有様であった。

「北浦大洪水」大正十五年（1926）五月二十六日　北浦畠山商店発行より
漂流物や死体捜索船の着を待ちわびて海岸に集ひる罹災者の群

四間四面の堂々たる煉瓦の蔵も当時の水勢を物語るあはれこの姿

栄枯盛衰は世の常とは言ながら拾い集めたる全財産は僅かにこの一盛づつ

海上に漂ふ家屋の破片調度什器

大きな家は泥と共に流れ、大木は根こそぎ倒れ、逃げ場を失った人達は二階に上り、あるいは屋根にのぼり、そのために一家七名が流され命をなくした方や、屋根のまま海に流され助けを求める姿も見られたという。

やっとのことで逃げ出し、命を助かった人たちが、高いところで眺めたら自分の家はなく、一面の泥沼の中に屋根の一部分や樹木の倒れたものが見られ、夕暮れの町にただ茫然と立ちすくんでいた。この一瞬のできごとで流失した住家は六五戸、倉庫や小屋などの非住家を合わせると一〇〇戸を越える被害であり、さらに尊い命を失った方は一八名という、大きな惨事であった。北浦の歴史の中で尤も大きないたましい災害でもあったわけである。小学校に入学したばかりの私の目には、あの一面に泥沼と化した町のようすが、悲惨な光景が今でも浮かんでくる。

あれから五十年すぎた。今年は北浦にとっても、遺族にとっても忘れることのできない五十年目にあたる年である。当時のようすを知るため老人にたずねても、当日（五月二十六日）は農繁期とあって農作業に出ていた人が多く、かけつけた時には家がなかったという。

現在であれば各機関から手もさしのべられるであろうが、当時は「人災」という関係もあったせいか、たいした救済もなく、小学校児童一人あたり一円五〇銭ずつの義援金を集め、羅災者にあげたという。数ヶ月後には県や町からの見舞金があったが、ほとんどは親戚や近所の方達の援助であったという。

堤防決壊の原因は、大堤に水を満水させるため、関係者達が用水はけ溝に土のうを積み重ねたため、ものすごい水圧が堤防の上部にかかり、堤防の弱い部分から一気に破れたといわれる。

あれから五十年、当時の様子を語るお年寄りの方も少なくなってゆくことを思う時、五十年を迎えたこの年、当時を想い起こし、亡くなられた方たちへのご冥福をお祈りすると共に、二度と再びせめても人災や公害から「郷土を守る」という決意を地域住民一丸となって新たにする必要があるのではないだろうか。

〔亡くなった人〕　小林薬屋―七人　水野長吉さんの娘―一人　山本亀三さんの祖母と母―二人
浅井利平さんの娘と孫―二人　石垣禮之輔さんの曾祖母と兄―二人
古仲嘉吉さんの祖母―一人　酒屋さんの使用人―一人　他―一人

北浦大洪水の思い出

高一・福田幸太郎

時は大正十五年五月二十六日午後の三時、北浦の人々を驚かした大洪水、土を動かし家をばさらい、響をたてて海におしよせて来た。

私はその日海に釣りに行っていると、大きな響がするので大浜の方を見ると、酒樽が一つ流れて来た。その中《うち》にたくさん流れて来た。又馬も流れて来た。馬はヒンヒン泣きながら相川の方へ泳いで行く。その中《うち》に海の水は段々よけいになる。あんまりよけいになるので恐ろしくなったので家に帰ろうと思った時、半鐘がヂャン〳〵鳴るので前よりも恐ろしくなって来た。家へきて人の話を聞くと「なんでも大堤の土手がくづれたと云うことだが、ほんとだかわからない」と言っている。

海の方を見ると家が八、九軒と家のこわれた木がいっぱい流れている。

電信柱はゆれてあぶなくてそばへ行かれない。発動機船は汽笛を鳴らし人を助けている。助かった人も居るが大かたは死んだ。もし板が海になかったら大かた助かったかも知れない。水はやっと午後の四時頃になってとまった。後で流された所を見に行ったが加茂川の近所の家はみんな流され、橋は一つもなかった。死人もたくさん見たが可愛相でならなかった。

（「我が北浦町」第二集・北浦町教育委員会発行・昭和八年刊）

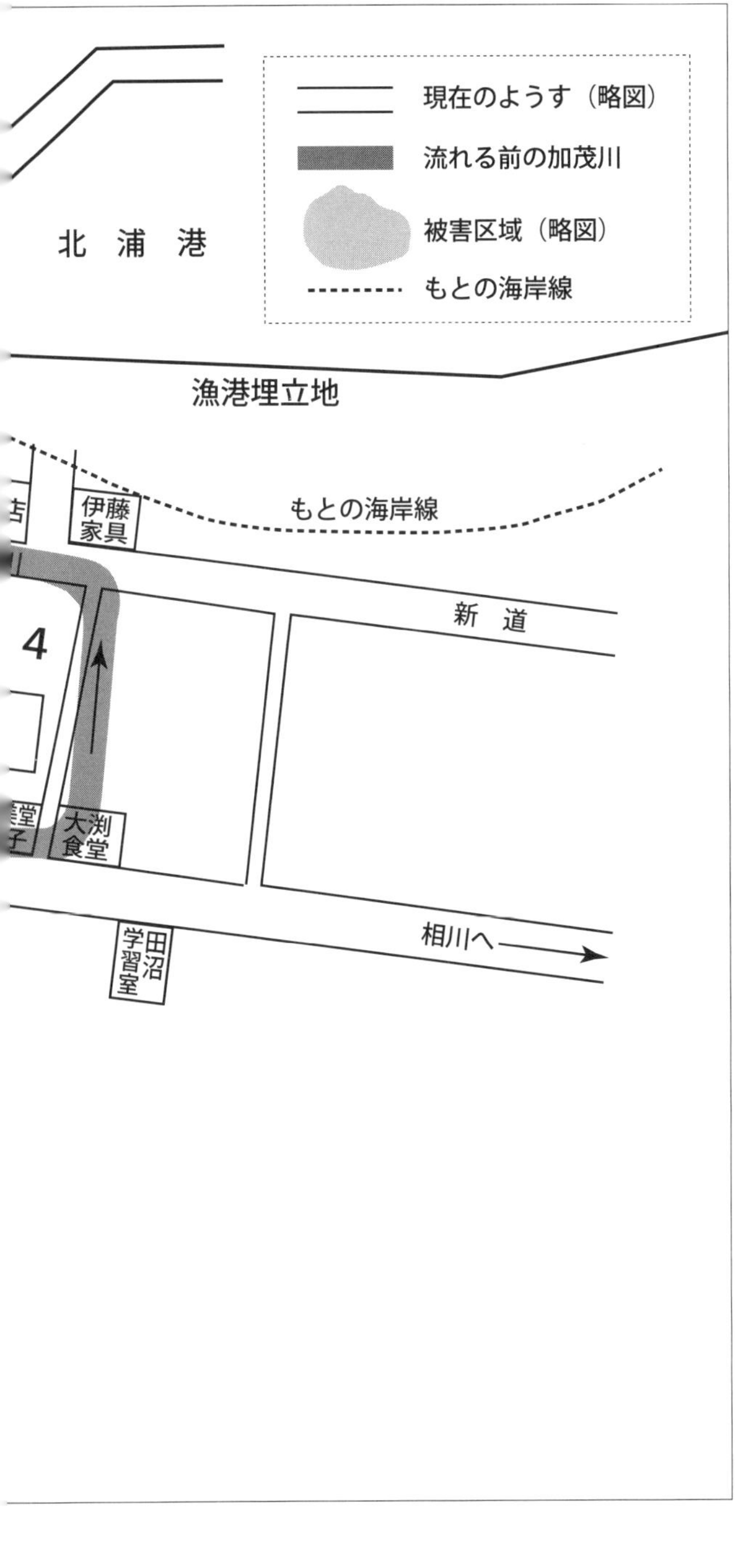

N
大正 15.5.26　大堤決壊による北浦水害被害区域略図
（太田氏作成図をもとに作成）
海
漁協
北
1
北
2
3
北
相場旅館
佐藤春
もとの
秋田銀行
加茂川
加賀谷薬局
福島呉服店
正札
農
豊沢店
一六魚ヤ
高野酒店
信用組合
山本次夫
山本英樹
忍田道路
大堤から

Ⅵ　『東北三県名士肖像録』

明治三十五年（一九〇二）四月十五日発行の『東北三県名士肖像録』という書籍があります。Ａ５判、本文三七二頁、定価三円五十銭とあり、明治三十年当時の小学校の教員や警察官の初任給が月八、九円ですから、かなり高価な本といえます。茨城県東茨城郡常磐《ときわ》村（現水戸市）の有終社が発売元で、編集人は同村の遠藤永吉、発行者には高橋要吉・吉村吉太郎・齋藤昇之進、船木善之助が名を連ねています。

内容は、東北三県（岩手県・青森県・秋田県）の名士の肖像アルバム集とも言えるもので、秋田県では六百人、このうち男鹿では三十五人。この中に当時、南秋田郡北磯村の著名人十七名の肖像写真が載っています。この本の発行年月から約二ヶ月後の六月には、村制から町制施行となり、南秋田郡北磯町と改称しました。

蛇足となりますが、当時は相当な著名・名士であっても今日に到ってその肖像・写真等が伝わらないケースがよくありますが、この本を通じて初めて我家の御先祖と対面した方々が何人もおりました。また、町の文化・行政の重責をになっていた方々でもあります。そういうことも含めて非常に貴重なものと思いましたので、ここに掲載しました。

なお、巻末の「稟告」（ひんこく・りんこく＝報告する、申し上げるの意）に、一度は掲載に同意しながら写真を出版元に送らないまま掲載を断念した者の名前も掲載されています。北浦関係者の名前を挙げると、

《南秋田郡北磯村》　県社真山社司・武内真顕、臨済宗瑞光寺僧侶・毛利祖温、農・港　東一、農・小林善松、酒造業・小川多助

の五氏となっています。

公立北磯病院長・医学得業士
南秋田郡北磯村（現住）
秋田市田中町（本籍）

広瀬哲造

※明治二十六年（一八九九）、秋田中学校卒業後、仙台医専学校卒業。
北磯病院長退任後、秋田市土手長町末町で開業医。

呉服商・漁業組合取締
南秋田郡北磯村
田沼良吉
※田沼家〝新店の家〟の二代目。義父の良之助は県会議員。土崎港の吉川家出身。

酒造業
南秋田郡北磯村
石田利助

尋常高等小学校長・訓導
南秋田郡北磯村
雄勝郡岩崎町（本籍）
鷲野運吉

臨済宗常在院僧侶
南秋田郡北磯村
萩庭袋洲

※岱洲禅鶴。仙北大六郷の大桂寺から渡部村の向性院を経て常在院第十六世となる。後に臨済宗妙心寺派管長、臨済宗大学々長となった古仲鳳洲の師匠の一人であった。

真宗休寶寺住職
南秋田郡北磯村

楠　賢　種《ママ》（殊）

※休寶寺は明治十八年（一八八五）八月、秋田市から移転してきた寺院。当時は十四代賢龍の代。賢殊師は各地を遊歴して講演会を開催したり新聞社の主筆を務めたりしていた。賢龍師示寂後、帰郷して十五代住職となる。

北浦では「北浦文庫倶楽部」創設主宰。役場の楼上を会場として月二回、演説会・討議会が行われ、大いに北浦近辺の青年層の喚起を促した。

明治二年（一八六九）一月生、昭和三年（一九二八）示寂。

曹洞宗雲昌寺僧侶
南秋田郡北磯村
高木　玄　機

商業家
南秋田郡北磯村
三　戸　岩五郎

酒造業・農業組合長
南秋田郡北磯村

田沼　慶吉

※休北海道の馬鈴薯や茶の栽培を導入・奨励する。
氏の人となり、業績については自著『北浦誌』（平成二十八年七月刊）に詳しく紹介していますのでご参照ください。

酒造業
南秋田郡北磯村

田沼　信之助

※田沼家三代目。慶吉氏の長男。安政二年（一八八五）年二月生、大正九年（一九二〇）没

社掌・勲八等
南秋田郡北磯村
武内貞治

神職・禮部補
南秋田郡北磯村
武内篤見

薬種商・売薬洋酒缶詰商
南秋田郡北磯村
加賀谷　亀　吉

漁業家
南秋田郡北磯村
故　三　浦　慶　三

村会議員
南秋田郡北磯村

小林禮蔵

※北浦地域の大地主の一人。明治二十三年(一八九〇)には所有する地価評価額が一万円余であった。大正期になると、南秋田郡四町村に田地・田畑合わせて一三二・三ha、小作人戸数が一三八戸の大地主に成長している。

木材業
南秋田郡北磯村

安田清松

※安全寺小学校、薬師堂建設時の功労者。

南秋田郡北磯村

柴田豊治

※北浦在郷軍人会長、北浦町助役・

参考文献
『歴代秋田公人録』大正四年刊
「秋田県立秋田中学校同窓会報　第八号」大正十二年
『秋田県曹洞宗寺仏大要』大坂高昭著
「田沼家系図」

編集後記

武内理事長より故磯村朝次郎先生の遺稿を出版物にして先生の業績に応えたい。ついては編集等総て任せるからということであった。

後日、研究所に来て磯村先生が鹿山小学校（現・北陽小学校）校長赴任以来、発行していた「男鹿半島史」「北浦町の歴史」「研究所報」を机上にして見た。素人目ながら限られた紙面上でもあり一回の刊行では到底終わることができない質量に思えた。

まずは「着眼大局、着手小局」と思い、全号総ての内容から始まった。次に三誌の中から同分野の記事を選び寄せ集め、グルーピングして再編する作業を続けた。これと相俟って補填事項やら割愛部分も多々生じている。このため全体を収録できなかったのは遺憾でしあったが、どうにか再編集まで漕ぎつけた経緯がある。

こうして平成二十八年七月には磯村先生による男鹿北部地域の大概的な歴史・各地域史を纏め上げた『北浦誌』を、今回は民俗・災害・新聞を通じてみる地域史を『続・北浦誌』として再編集して上梓した次第である。

ついては、これまでの再編集にご尽力・ご協力いただいた秋田文化出版・渡辺修氏に御礼申し上げる。また、この様な編集となり、故磯村先生、武内理事長も甚だ不満の点等、多々あること承知しながら編集後記とする。

二〇一九年四月　　日本海域文化研究所主任研究員　小　早　淳

男鹿半島史Ⅳ

続・北浦誌

令和元年五月二日 ——— 初版第一刷発行

定価（本体一八〇〇円＋税）

著　者 ——— 磯　村　朝　次　郎

編集・発行者 ——— 日本海域文化研究所
理事長　武　内　信　彦
〒〇一〇—〇六八五
男鹿市北浦真山字水喰沢九七

発　売 ——— 秋田文化出版 株式会社
〒〇一〇—〇九四二
秋田市川尻大川町二—八
TEL（〇一八）八六四—三三二二（代）
FAX（〇一八）八六四—三三二三

ISBN978-4-87022-587-9
地方・小出版流通センター扱